WESTFALEN

Kulinarische Streifzüge

Norbert von Frankenstein

WESTFALEN

Kulinarische Streifzüge

Mit 63 Rezepten,
exklusiv fotografiert
für dieses Buch
von
Hans Joachim Döbbelin

SIGLOCH
EDITION

NIEDERLANDE
Nieder
Westfalen
Nordrhein-Westfalen
Rheinland-Pfalz
Münsterland
Teutoburger Wald
Haarstrang
Sauerland
Rothaargebirge
Westerwald
Naturpark Nördl. Teutoburger Wald-Wiehengebirge
NP Arnsberger Wald
Naturpark Diemelsee
NP Homert
NP Ebbegebirge
NP Rothaargebirge
Kahler Asten 841 m
Emmen
Meppen
Vechta
Lingen
Nordhorn
Almelo
Hengelo
Enschede
Gronau
Ahaus
Vreden
Stadtlohn
Rheine
Neuenkirchen
Emsdetten
Greven
Mettingen
Ibbenbüren
Osnabrück
Tecklenburg
Lengerich
Stemwede
Espelkamp
Minden
Porta Westfalica
Bünde
Enger
Herford
Bad Salzuflen
Oeynhausen
Bielefeld
Halle
Versmold
Borgholzhausen
Steinhagen
Sennestadt
Gütersloh
Rheda-Wiedenbrück
Warendorf
Freckenhorst
Telgte
Münster
Coesfeld
Dülmen
Bocholt
Borken
Wesel
Dorsten
Marl
Recklinghausen
Gladbeck
Herten
Bottrop
Gelsenkchn.
Herne
Castrop-Rauxel
Wanne-Eickel
Oberhausen
Duisburg
Mülheim a.d.Ruhr
Essen
Bochum
Dortmund
Witten
Hattingen
Velbert
Krefeld
Wuppertal
Hagen
Schwelm
Ennepetal
Düsseldorf
Mönchen-Gladbach
Solingen
Remscheid
Lüdenscheid
Bergisch-Gladbach
Köln
Bonn
Düren
Euskirchen
Lünen
Hamm
Bockum-Hövel
Ahlen
Beckum
Unna
Werl
Soest
Lippstadt
Erwitte
Salzkotten
Paderborn
Delbrück
Rietberg
Fröndenberg
Schwerte
Menden
Iserlohn
Hemer
Arnsberg
Meschede
Warstein
Brilon
Altena
Plettenberg
Attendorn
Olpe
Lennestadt
Siegen
Bad Berleburg
Bad Laasphe
Marburg
Gießen
Wetzlar
Rhein
Ems
Lippe
Ruhr
Sieg
Möhne
Roggen
Geflügel
Schweine
Kartoffeln
Spargel
Pferde
Rinder
Obst
Gemüse
Weizen
Kohlgemüse
Gänse
Fisch
Schafe
© 1996, Studio für Landkartentechnik, Hamburg

Inhalt

Küche, Land und Leute

Rezepte

In Westfalen schätzt man die Geselligkeit. Bei schönem Wetter sitzt man am liebsten draußen, bei einem kühlen Bier, und sicher bald – wie hier so üblich – vor reich gedecktem Tisch.

Zur Abbildung auf Seite 2: Weltweit bekannt ist der westfälische Pumpernickel aus Roggenschrot. Durch die lange Backzeit wird die Stärke im Korn zu Zucker umgewandelt, der dann karamelisiert. Daher schmeckt das sehr dunkle Brot leicht süß.

Liebe Leserinnen und Leser,
Westfalen gehört sicherlich zu den Gegenden, in denen sich ein Besucher sofort heimisch fühlt. Vielleicht, weil vielseitige Landschaftsbilder Assoziationen wecken, anheimelnde Dörfer und pulsierende Städte, Naturschönheiten und historische Bauwerke Auge und Seele beeindrucken.
So vielgestaltig wie die Landschaft ist auch die Küche dieser Region.
Hier in Westfalen wird die Tradition bodenständiger Gerichte gepflegt, von Generation zu Generation weitergegeben und in immer neuen Variationen genossen. Meist deftig, immer schmackhaft, häufig eigenwillig und doch köstlich in der Komposition, gewann die westfälische Küche viele Freunde.
Dieses Buch ist eine Einladung zu einer Entdeckungsreise quer durch das Land, zu den Menschen, den regionalen Besonderheiten, zu versteckten Winkeln und imposanten Bauwerken ebenso wie zu den kulinarischen Spezialitäten.
Die Westfalen sind gastfreundlich. Erleben Sie das Land und seine Küchentradition, wie sie seit „Urzeiten“ gepflegt wird, und wo es sich Einheimische wie Gäste wohl ergehen lassen.

Norbert v. Frankenstein

Von Zeiten und Menschen

Die wohl bedeutendste Dichterin des Landes, Annette von Droste-Hülshoff, schrieb einst: „Wenn wir von Westfalen reden, so begreifen wir darunter einen sehr großen, sehr verschiedenen Landstrich; daher möchten wohl wenige Teile unseres Deutschland einer so weitläufigen Betrachtung bedürfen." Und tatsächlich, hinter dem Landstrich, den wir heute als Westfalen kennen, verbergen sich gänzlich unterschiedliche Regionen – das Münsterland, der Teutoburger Wald, das Sauer- und das Siegerland, das Lipperland und das nördliche Ruhrgebiet. Westfalen als historische Einheit mit fest umrissenen Grenzen gab es nie. Immer waren diese fließend, je nach dem Diktat der Zeitläufte und Machthaber. Werfen wir einen nur kurzen Blick auf die lange Geschichte Westfalens, die sich, in ihren Kernregionen, nahezu zweitausend Jahre zurückverfolgen läßt.

Jeder Schüler kennt sie: die Schlacht im Teutoburger Wald. Damals bemühten sich die in Westfalen ansässigen Germanen, dem Expansionsstreben des Römischen Reiches zu trotzen. Die Römer führten ihre Legionen von Sieg zu Sieg, bis sich der Widerstand der Germanen organisierte. Im Jahr 9 n. Chr. unterlag dann der römische Feldherr Varus in der sagenumwobenen Schlacht seinem Gegner, dem Cheruskerfürsten Arminius. Fälschlicherweise in „Hermann" umbenannt, grüßt seine Gestalt in Form eines gewaltigen, etwa 54 Meter hohen Denkmales von der Grotenburg bei Detmold. Mit einem Flügelhelm ist sein Haupt bedeckt, sein Schwert reckt er in den Himmel. Bei klarer Sicht ist vom Denkmal aus ein wunderbarer Blick auf das umliegende Land möglich.

Kulinarisch ist aus jener fernen Zeit nicht viel zu berichten, die Germanen, Jäger und Sammler, hinterließen lediglich den Met, den Honigwein, als Gaumengenuß.

Ein weiteres bedeutendes westfälisches Ereignis fand an der Schwelle des ausgehenden 8. zum 9. Jahrhundert statt. Der Frankenkönig Karl, von Papst Leo III. animiert, zog gegen die heidnischen Sachsen unter Widukind ins Feld, um diese zum Christentum zu bekehren. Beide Seiten schenkten sich nichts in diesem Streit um politische Macht unter dem Deckmäntelchen des Glaubens. Letztlich siegte König Karl mit seinen Mannen und durfte sich

Kiepenkerle hießen die wandernden Händler in den blauen Leinenkitteln und den roten Halstüchern. Sie zogen mit ihrem großen Tragekorb, der Kiepe, durch die Gegend und brachten Waren und Neuigkeiten mit.

Ein vielbesuchtes Wahrzeichen des Teutoburger Waldes ist das Hermannsdenkmal auf der Grotenburg bei Detmold mit der Figur des Cheruskerfürsten Arminius, dem Helden der Varus-Schlacht. Am 16. August 1875 wurde es von Kaiser Wilhelm I. vor 30.000 Zuschauern eingeweiht.

fortan an seinen willfährigen Glaubensgenossen erfreuen. Jahrhunderte später, das geographische Gesicht Westfalens hatte sich inzwischen mehrfach verändert, rückte ein Friedenspakt das Land in den Mittelpunkt des deutschen, ja europäischen Interesses. Der Dreißigjährige Krieg (1618–1648), in dem ganze Landstriche, nicht nur westfälische, verwüstet und entvölkert wurden, fand im Frieden von Münster und Osnabrück ein Ende. Höchste weltliche und kirchliche Würdenträger beendeten darin das unsägliche Grauen, das in dem Streit um den einzig wahren christlichen Glauben seinen Ursprung hatte.

Wenn auch der Großteil der Bevölkerung damals in bitterer Armut lebte und Hunger litt, hatte die Küche des Landes bereits eine Tradition, die vertraut anmutet. So schrieb Grimmelshausens Simplicius Simplicissimus bei einem Aufenthalt im westfälischen Soest während des Krieges: „Das Paradies fanden wir, wie wir's begehrten und noch darüber, anstatt der Engel schöne Jungfrauen, welche uns mit Speise und Trank alsbald traktierten, daß ich in Kürze wieder einen glatten Balg bekam; denn da setzte es das fetteste Bier, die besten westfälischen Schinken und Knackwürste, wohlschmeckendes und sehr delikates Rindfleisch, das man aus dem Salzwasser kochte und kalt zu essen pflegte; da lernte ich das schwarze Brot fingerdick mit gesalzener Butter schmieren und mit Käs belegen, damit es desto besser rutschte. Und wenn ich so über einen Hammelkolben (Keule) kam, der mit Knoblauch gespickt war, so erquickte ich Leib und Seele und vergaß all meines ausgestandenen Leids."

Auch der Siebenjährige Krieg, von Preußen geführt, hinterließ in der westfälischen Provinz bittere Spuren. Viele waren froh, als die preußische Herrschaft abgeschüttelt und 1807 der jüngste Bruder Napoleons, Jérôme Bonaparte, König eines um zahlreiche Gebiete erweiterten Königreichs Westfalen wurde. Jener als „König Lustig" in die Annalen eingegangene Herrscher wählte als Hauptstadt das im Hessischen liegende Kassel. Reformen wurden eingeführt, ein neues, freiheitliches Recht und neue Verwaltungsformen entstanden. Jedoch kamen auch höhere Steuer- und Abgabenlasten und eine rigorose Rekrutierung der Söhne des Landes für

Oben: In dieser Wasserburg verbrachte Annette von Droste-Hülshoff die ersten 29 Jahre ihres Lebens. Burg Hülshoff ist umgeben von einem schönen Park, der zu Spaziergängen einlädt.
Unten: Das Droste-Museum im Erdgeschoß gewährt Einblick in die Lebensgewohnheiten des münsterländischen Adels zur Zeit des Klassizismus und Biedermeier und zeigt auch die reichhaltige Bibliothek dieses Herrenhauses.

Napoleon auf die Bevölkerung zu. Mit der Herrschaft der Franzosen wurden viele neue Kücheneinflüsse übernommen. Die tradierten heimischen Gerichte wurden leichter, raffinierter und insgesamt abwechslungsreicher gestaltet, wenn auch nur überwiegend beim Adel und den wohlhabenderen Bürgern der Städte. Auf dem Lande blieben die Speisen, die sich an den Erträgen aus Garten und Hof und an der Saison orientierten, weniger vielseitig, dafür aber deftig.
Nach der Niederlage Napoleons 1813 in Rußland, bei der auch nahezu dreißigtausend westfälische Soldaten auf den Schlachtfeldern zurückblieben, war das Königreich nicht mehr zu halten. Landauf, landab wurde gejubelt, als Kurfürst Wilhelm wieder in sein Land zurückkehrte. Aber so richtig konnten sich die Westfalen für Preußen nie erwärmen. Eher still murrend, erduldeten sie die erneute preußische Oberhoheit, jede Region auf ein möglichst großes Maß an Eigenständigkeit in dem Gesamtverbund bedacht.
1946 schuf die Neuordnungspolitik der Siegermächte aus der nördlichen preußischen Rheinprovinz und aus der alten preußischen Provinz Westfalen das Land Nordrhein-Westfalen. 1947 wurde das Land Lippe-Detmold eingegliedert.
Die Geschichte des Landes über Jahrhunderte hinweg wurde erlitten, nicht nur einfach erlebt. Sie prägte Wesen, Sitten und Ansichten eines Menschenschlages, der landläufig als ruhig, bedächtig, manchmal schroff und dennoch als grundehrlich gilt.
Die Westfalen gelten als ein besonders frommer Menschenschlag. Das ist nur bedingt richtig. Frommen und unerschüttert am Katholizismus festhaltenden Regionen wie dem Sauerland oder dem Münsterland, den traditionellen Bischofssitzen Münster und Paderborn, stehen festgefügte Protestantengebiete im Ostwestfälischen gegenüber. Nun könnte man meinen, daß diese Religionsgrenzen das Land spalten würden. Weit gefehlt. Zwar lästert die eine Religionsgruppe über die andere, aber auch hier hat man sich im Laufe der Zeit den Gegebenheiten angepaßt.
Nicht nur durch die geschichtlichen Wirren und unterschiedliche Glaubensrichtungen hat das Land eine Schar von bedeutenden Persönlichkeiten, darunter manche skurrile Figur, hervorgebracht.

Annette von Droste-Hülshoff, vor Ort gerne als „die Droste" bezeichnet, ist die berühmteste Dichterin des Biedermeier. Ihre Naturbeobachtungen und Empfindungen finden in ihrer Lyrik Ausdruck. In vielen Gedichten und Prosawerken beschrieb sie ihre Landsleute und ihre Heimat, sie wird hier auch nach wie vor sehr verehrt.

1816 wurde die letzte noch bestehende Altbierbrauerei von Münster, „Pinkus Müller“, gegründet. Das Pinkus-Alt wird weltweit vertrieben, man kann es aber auch gleich nebenan in der gleichnamigen Kneipe genießen.

Die bereits zitierte Freiin Annette von Droste-Hülshoff, häufig als „Deutschlands größte Dichterin“ bezeichnet, wuchs im 19. Jahrhundert in einer Wasserburg bei Havixbeck in der Nähe von Münster auf und lebte später unweit davon. Am bekanntesten ist sicher ihre Novelle „Die Judenbuche“.

Die barocken Meisterwerke des Baumeisters Johann Conrad Schlaun aus Nörde bei Warburg sind in ganz Westfalen und besonders in Münster zu bewundern. Aufgeführt werden muß der Fürstbischof Christoph Bernhard von Galen, von seinen Untertanen „Bomben-Bernd“ und „Kanonenbischof“ genannt ob seiner radikalen Art, Widerständen zu begegnen, sowie das Triumvirat der „Wiedertäufer“ in Münster: Bernd Krechtinck, Bernd Knipperdollinck und Jan van Leiden, die am Ende ihrer Herrschaft 1536 von „glühenden Zangen gezwickt“ und dann auf grausamste Weise bestraft und hingerichtet wurden. Ihre sterblichen Reste wurden, ganz in mittelalterlicher Manier, zur Abschreckung in eisernen Käfigen am Kirchturm von St. Lamberti in Münster zur Schau gestellt. Die leeren Käfige hängen übrigens nach wie vor am Lamberti-Kirchturm.

Dichter und Schriftsteller wie Karl Wagenfeld, Augustin Wibbelt, Friedrich Wilhelm Grimme und Josef Winckler dürfen in einer Aufzählung ebensowenig fehlen wie das Münsteraner Original, der Forscher, Gelehrte, Mundartdichter und Gründer des Zoos in Münster Hermann Landois. Die Dramen des Detmolder Christian Dietrich Grabbe zählen heute zu den Klassikern. Otto Modersohn, der Mitbegründer der Worpsweder Künstlerkolonie, stammt aus Soest.

Auch Henriette Davidis aus Wetter-Wengern an der Ruhr muß erwähnt werden. Sie schrieb den 1845 erschienenen, großen Kochbuchbestseller, „Praktisches Kochbuch“, das Generationen von Hausfrauen Hilfe leistete und in dem sie auch die typischen Gerichte ihrer Heimat verewigte. Es galt als beispielhaft in seiner Art und erschien in unzähligen Auflagen und Bearbeitungen.

Daneben steht eine nicht minder bedeutende Anzahl von schlitzohrigen Originalen. Gisbert Freiherr von Romberg, auch als „de dulle Baron“ bekannt, dem Josef Winckler in dem Roman „Der tolle Bomberg“ ein Denkmal

setzte, galt wegen seiner wilden Streiche als Adels- und Bürgerschreck. Fast unendlich sind die Anekdoten über Baron Alfred von Renesse, die, wieder und wieder erzählt, seinen Mutterwitz verdeutlichen. Schon zu seinen Lebzeiten, er starb 1957, war er landauf, landab eine Legende. Zu dem Namen „Ziegenbaron" kam er, weil er seinen Landsleuten die Haltung von Ziegen als „Kuh des kleinen Mannes" ans Herz legte, insbesondere in der Zeit nach dem Krieg. Er gründete überall Ziegenzuchtvereine und ernannte viele „Lokalgrößen" zu Ehrenmitgliedern dieser Vereine, so daß dann ein „Verein der Ehrenmitglieder zur Hebung der Ziegenzucht" geschaffen werden mußte. In seinem Stammlokal „Pinkus Müller" in Münsters Altstadt kam der Ziegenbaron als 92jähriger auf die Idee, seinen 100. Geburtstag zu feiern, da er ihn sicherlich nicht mehr erleben würde: insgesamt elfmal wurde gefeiert, denn Baron Renesse wurde 102 Jahre alt.

Der singende Bierbrauer Pinkus Müller machte aus seiner Gaststätte eine Stammkneipe für Künstler und Kaufleute. Hier wird auch heute noch typisch westfälisch gekocht und Eingeweihten eine besondere Spezialität serviert – die Altbierbowle.

Schlösser, Kirchen und wilde Pferde

Diese prächtige astronomische Uhr aus dem späten Mittelalter kann man im Paulus-Dom in Münster bewundern. Sie zeigt neben der Uhrzeit auch den Lauf der Gestirne und hat einen „ewigen" Kalender, der immerhin bis ins Jahr 2071 reicht.

Als Paradies für Radfahrer ist das Münsterland berühmt. Die Anzahl möglicher „Pättkes"-Touren scheint unendlich. „Pättkes" sind die häufig ungepflasterten Feldwege, von den ansässigen Bauern seit Jahrhunderten angelegt und unterhalten, gerade breit genug für ein Pferdegespann. Von Wäldern, Mooren und Heideflächen eingerahmt, bilden sie heute ideale Reisewege für Radfahrer, die abseits von Straßen und Autoverkehr in Ruhe die Natur und Entdeckerfreuden genießen wollen.

Das Münsterland ist Bauernland, das zeigen die vielen großen Einzelgehöfte. Es gibt hier nicht nur stille Winkel zu entdecken, sondern auch unzählige Wasserburgen, historische Kirchen und natürlich die zahlreichen ländlichen Gasthöfe, die zur Einkehr einladen.

Beginnen wir unsere Rundreise in der alten Hauptstadt der Provinz Westfalen, in Münster. Das Herz der Stadt ist der Paulus-Dom, hier findet sich auch die berühmte astronomische Uhr. An ihrer Entstehung wirkten ein Mathematiker, ein Mönch, ein Schmied, ein Bildhauer und ein Kunstmaler mit und schufen ein einmaliges Schmuckstück, das die Zeit mißt, ein Kalendarium umfaßt und gleichzeitig astronomische Darstellungen verdeutlicht.

Die Laubengänge am Prinzipalmarkt, der „guten Stube" Münsters, laden zum Bummel bei jedem Wetter ein. Man erreicht das Rathaus mit dem Friedenssaal, dann die Lambertikirche, an deren Turmfassade noch immer die eisernen Käfige der hingerichteten Wiedertäufer hängen. Täglich (außer Dienstag) bläst der Türmer von St. Lamberti in sein Kupferhorn, zwischen neun Uhr abends und Mitternacht, zur halben Stunde einmal in jede Himmelsrichtung. Zahlreiche Museen bieten ein breites Ausstellungsangebot, vom Skelett eines Mammuts bis hin zu historischer und moderner Kunst und Kunsthandwerk. Im Freilichtmuseum Mühlenhof am Aasee können originalgetreu wiederaufgebaute Häuser, ein prachtvoller, knapp 300 Jahre alter Gräftenhof aus einer Bauernschaft bei Nienberge und die Bockwindmühle bewundert werden. Berühmt sind die Musikveranstaltungen im Festsaal des Erbdrostenhofes, erbaut von Barockbaumeister Johann Conrad Schlaun. Zu erwähnen sind natürlich auch die Universität im alten Schloß,

durch deren Studenten die Stadt ein jugendliches Gepräge erhält, der Schloßpark mit dem schön angelegten Botanischen Garten, die zahlreichen schmalen Gassen der Altstadt und die urgemütlichen Restaurants und Kneipen, von denen in vielen die traditionelle westfälische Gastlichkeit gepflegt wird.
Viele Feste mit traditionellem Hintergrund werden hier noch gefeiert. Seit mehr als 600 Jahren zieht die „Pest- und Brandprozession" im Juli durch die Altstadt. 1382 hatten die Einwohner gelobt, „für alle Zeiten" eine Prozession abzuhalten, wenn die Pest sie verschonen würde. Das Gelöbnis wurde im folgenden Jahr erneuert und bekräftigt, als ein verheerender Brand mehr als 400 Häuser vernichtete und nur, dank eines starken Regengusses, die restliche Stadt verschont blieb.
Beim Stadtfest präsentieren Kunsthandwerker ihre Erzeugnisse, es wird Straßentheater gespielt, Buden säumen die Straßen. Hier, wie auch beim „Send", einer gigantischen Kirmes, sieht man die Kiepenkerle, jene wandernden Händler aus vergangenen Zeiten mit ihren Tragekörben und Pfeifen. Send wird übrigens dreimal in jedem Jahr gefeiert. Dann wird das Sendschwert an das Rathaus gesteckt als Sinnbild der besonderen Gerichtsbarkeit und der Marktfreiheit. Besucher kommen aus dem ganzen Münsterland.

Mächtig überragt der im 13. Jahrhundert erbaute Paulus-Dom den Domplatz in Münster. Dahinter erkennt man die gotische Liebfrauenkirche, wegen ihrer Lage auch Überwasserkirche genannt. Ihre Turmspitze wurde einst von den Wiedertäufern herabgestürzt.

Nächste Doppelseite: Das Wasserschloß Nordkirchen liegt in einem herrlichen, statuengeschmückten Park. Zu seinen Miterbauern gehörte der berühmte westfälische Barockbaumeister Johann Conrad Schlaun.

Im Münsterland werden alte Handwerkstraditionen gepflegt. Hier kann man einem Holzschuhmacher beim Fertigen von „Klumpen“, also Holzschuhen, zusehen.

Beim Lambertusfest am 17. September tanzen die Kinder singend um Lichter- und Blumenpyramiden. Alle drei Jahre wird im Juni der „Gute Montag“ begangen. Als Dank für die Umsicht eines Münsteraner Bäckergesellen bei der Befreiung Wiens von den Türken vor rund 300 Jahren wurde den Bäckern ein freier Tag zugesagt, der dann gefeiert wird.

Bei allen münsterländischen Festivitäten dürfen die leiblichen Genüsse nicht zu kurz kommen. Mit in den Vordergrund aller kulinarischen Betrachtungen muß natürlich das Brot gestellt werden. Schon früh wurde zwischen dem „Swattbraut“, dem Schwarzbrot, dem „Growbraut“, dem Grob- oder Graubrot, und dem „Fienbraut“, dem feinen Brot, meist für Herrentische bestimmt, unterschieden. Das Brotbacken mit Sauerteig kann in Westfalen bereits für vorchristliche Zeit nachgewiesen werden, in einem Grab aus dem 12. Jahrhundert v. Chr. bei Telgte wurden Reste von Sauerteigbrot entdeckt. Eine größere Verbreitung fand diese Zubereitung wahrscheinlich erst während der sogenannten Eisenzeit, als der Roggenanbau einen höheren Stellenwert erhielt. Heute wird das Brot nicht mehr in bäuerlichen Betrieben für den Eigenbedarf gebacken, industrielle Großbäckereien haben diese Aufgabe übernommen. Aber auf manch altem Hof oder auf Dorfplätzen sind noch immer alte Backhäuser zu finden, die hin und wieder benutzt werden.

Als urwestfälisch hat sich Pumpernickel einen weltweiten Ruf erworben. Für die Herkunft dieser Bezeichnung gibt es zahlreiche Deutungsversuche, von denen die drastischste eine hochdeutsche Übersetzung in „Furzheini“, wegen der angeblich blähenden Wirkung des Brotes, vermutet. Der bereits zitierte Simplicius klagte, daß er den „trockenen Pumpernickel gewaltig beißen“ mußte. Und der päpstliche Nuntius schrieb beim Friedenskongreß im 17. Jahrhundert in einer Beschwerde nach Rom, „eitle Kniffe der Kochkunst“ gingen den Westfalen ab, dort gebe es „nur Pumpernickel und Regen“. Wer heutiges Pumpernickel, mit frischer Butter bestrichen und dünn geschnittenen Scheiben westfälischen Knochenschinkens belegt, so einfach „aus der Hand“ genießt, wird die Klagen aus früheren

Oben: In Nottuln befindet sich die älteste Blaudruckerei Westfalens. Blaudruck war im letzten Jahrhundert in Gebieten, in denen Leinen erzeugt wurde, weit verbreitet. Mit hölzernen Druckformen (Modeln) werden die Stoffe direkt bedruckt. Unten: Im Wannenmachermuseum in Emsdetten wird die alte Kunst des Korbflechtens gezeigt. Mit diesen Wannen – aus Weiden geflochtene, flache Körbe – wurde das ausgedroschene Getreide durch ruckartiges Hochwerfen von Staub und Spreu befreit.

Sagenumwoben ist das „Heilige Meer“ in der Nähe von Hopsten, ein Naturschutzgebiet mit Seen, Weihern, Wald, Sümpfen und Heideland. Hier findet man noch eine Fülle seltener Pflanzen und Vögel, die „verwunschenen“ Seen sind reich an Fischen.

Zeiten nicht mehr verstehen.
Eine weitere Spezialität aus dem Backofen sind die Stuten, eine Weizenbrotart, die es in unterschiedlichsten Variationen gibt: Rosinen-, Timpken-, Hochzeits-, Toten-, Buttermilch-, Milch- und Topfenstuten. Sie alle wurden zu bestimmten Festivitäten oder an Feiertagen serviert und gehören noch heute einfach dazu. Die Stutenkerle, die an die Kiepenkerle erinnern, sind ein beliebtes Saisongebäck zur Weihnachtszeit geblieben.
Der über Birken- und Buchenholz „im Schlot“ geräucherte Schinken fand schon immer begeisterte Liebhaber und ist auch heute von den Speisekarten nicht wegzudenken. Nicht weniger lecker schmecken die zahlreichen anderen Spezialitäten des Landes. Ob Buchweizenpfannkuchen, „Pfefferpotthast“ oder auch „Töttchen“, das in so vielen Variationen hergestellt wird, daß es überall anders schmeckt. Die traditionellen Altbierküchen von Münster allerdings sind, bis auf „Pinkus Müller“, verschwunden.
Von Münster aus führt uns ein kurzer Streifzug an die holländische Grenze in die Region Hamaland, uraltes westfälisches Kulturland, obwohl der Name erst durch den Tourismus wieder zum Leben erweckt wurde.
Einen guten Einblick in die Tradition alter bäuerlicher Kultur vermittelt in Vreden ein Besuch im Hamaland-Museum und im

Bauernhof-Museum „Früchtinghoff“. In Gescher kann uraltes Handwerk, die Kunst des Glockengießens, bestaunt werden. Dort gibt es auch ein Glockenmuseum, und das Heimathaus vermittelt Ortsgeschichte.
In der Töpferstadt Stadtlohn kommen alle Freunde des ursprünglich „Hartgebrannten“ auf ihre Kosten.
All die vielen Wasserburgen, Herrenhäuser und schloßartigen Gemäuer im Münsterland aufzuzählen, würde den Rahmen dieses Buches sprengen. Meist auf zwei Inseln errichtet, zum Schutz von Gräften umgeben und durch ausgedehnte Parkanlagen ergänzt, sind es prachtvolle Bauten, so das großzügig angelegte Wasserschloß in Ahaus, wo man auf der Gräfte mit einem gemieteten Boot rudern kann. Schloß Varlar, Schloß Darfeld, Schloß Raesfeld, Burg Gemen, Burgsteinfurt, die drei Wasserburgen in Havixbeck, darunter das Geburtshaus der Annette von Droste-Hülshoff – sie alle lohnen einen Besuch mit ausführlichem Spaziergang im Park. Burg Hülshoff kann auch innen besichtigt werden, dort, wie auch in anderen Wasserburgen, speist man gut. In einigen, wie z.B. in Schloß Lembeck, kann man stilecht übernachten. Ein Kleinod ist Haus Rüschhaus in Nienberge, einst von Baumeister Conrad Schlaun als Sommersitz für sich selbst errichtet und von der

Der Dortmund-Ems-Kanal verbindet das östliche Ruhrgebiet mit dem Münsterland, teilweise die Ems, den Hauptfluß der Region, nutzend. Der Kanal trägt die Arbeitswelt der Schiffahrt ins grüne Münsterland, bietet aber auch Möglichkeiten für Freizeit, Sport und Erholung.

Das Münsterland zeichnet sich aus durch eine traditionsreiche Pferdezucht und Förderung des Amateur- und Profireitsports. Da die Gegend für ihr unbeständiges Wetter bekannt ist, darf für Roß und Reiterin der Regenschirm natürlich nicht fehlen.

Familie Droste-Hülshoff übernommen, der spätere Wohnsitz der Dichterin. Das prächtige Barockschloß Anholt gilt als „Perle des Münsterlandes", Schloß Nordkirchen, das größte der Wasserschlösser des Landes mit seiner herrlichen Parkanlage, wird auch als „westfälisches Versailles" bezeichnet. Burg Vischering am Stadtrand von Lüdinghausen ist noch malerisch als eine mittelalterliche Rundburg erkennbar. In Ostbevern steht Haus Loburg, die jüngste Wasserschloßanlage der Region. Gehen Sie im Münsterland auf Entdeckungsreise, es lohnt sich!
Warendorf als alte Hansestadt mit historischem Stadtkern ist ein berühmtes Zentrum des Pferdesports und Sitz des Deutschen Olympischen Komitees für Reiterei. Denn zum Abschluß, als i-Tüpfelchen des Streifzuges, müssen noch die Pferde zu ihrem Recht kommen. Westfalen, auch das Münsterland, ist Pferdeland, nicht zuletzt durch das Landgestüt in Warendorf, das mit seinen Hengstparaden im September, Oktober jedes Jahr abertausende Besucher anzieht. Die zahlreichen bäuerlichen Zuchten, aus denen manch ein weitbekanntes Spring- oder Dressurpferd stammt, seien hier durch die bloße Erwähnung gewürdigt. Nicht vergessen werden dürfen die Wildlinge im Merfelder Bruch bei Dülmen. Hier leben noch etwa 200 Tiere auf der einzigen Wildpferdebahn Europas das ganze Jahr über im Freien und werden einmal im Jahr, am letzten Samstag im Mai, zum Wildpferdefang zusammengetrieben.

Oben: Am letzten Samstag im Mai wird im Merfelder Bruch die Herde der hier frei lebenden Wildlinge zusammengetrieben, um die einjährigen Hengste herauszufangen; nur zwei Zuchthengste bleiben.
Unten: In Warendorf findet Ende September, Anfang Oktober die traditionelle Hengstparade des Landgestüts statt. Hier zeigen die Warendorfer Zuchtpferde ihre stattliche Schönheit, Eleganz und ihr Temperament.

Teutoburger Wald und Lipperland

Historische Gebäude aus ganz Westfalen sind im Detmolder Freilichtmuseum originalgetreu wiederaufgebaut. Haus Golücke im Paderborner Dorf stammt aus dem Jahr 1767. Typisch für die dörfliche Architektur im Weserraum jener Zeit ist der aufwendig gestaltete Giebel mit den in Verzierungen gesetzten Backsteinen. Der Sohn des Bauherrn Johann Dietrich Golücke wird in einer Quelle als „Köther und Schlächter" bezeichnet, er war also im Nebenberuf Hausschlachter.

Malerisch, mit verträumten Winkeln, zieht die gesamte Waldregion heute als Erholungslandschaft die Besucher in ihren Bann. Die Nähe größerer Ballungszentren wie das Ruhrgebiet, der Raum Bielefeld, Osnabrück und Hannover, machte allerdings auch den Schutz der Landschaft erforderlich, der nördliche Teil wurde zum Naturpark Wiehengebirge und der nach Süden ziehende Höhenzug zum Naturpark Eggegebirge erklärt. Die zahlreichen Bade- und Kurorte unterstreichen die Qualität und Bedeutung dieser Region für die Erholung und den Tourismus.

Die Bergzüge mit den zahlreichen Quellen und Bächen machen zusammen mit der reichen Vegetation den Reiz dieser Landschaft aus. Wälder, Wiesen, Äcker und Dörfer ergeben ein abwechslungsreiches Landschaftsbild. Insbesondere die lichten Buchenwälder, häufig von imposanten Steinformationen unterbrochen, haben neben den Fichtenwäldern die heimische Flora und Fauna in einer erstaunlichen Artenvielfalt erhalten.

Das Leben in dieser Region war nie einfach, um Bodenerträge mußte schon immer gerungen werden. Und die Industrialisierung, die hier nicht so weit fortschritt wie im nahegelegenen Ruhrgebiet, änderte an der Lebensweise wenig, sie ist nach wie vor weniger hektisch als anderswo. Das mag an den Menschen liegen, die, wie alle Westfalen, den Ruf der Zurückhaltung und Bedächtigkeit nie loswurden. Lebensfroh sind sie dennoch, wie die vielen Feste belegen.

Daß insbesondere die Lipper sich nur ungern dem preußischen „Joch" unterwarfen und in das neugeschaffene Nordrhein-Westfalen eingliedern ließen, ist Geschichte. Zu gerne hätten sie ihren Freistaat behalten. Auch wenn sich die Herrschaft des Hauses Lippe im Laufe der Zeit in verschiedene Zweige aufspaltete, die einander nicht immer freundlich gesinnt waren. Dies belegt der mehr als zehnjährige Erbfolgestreit zwischen der Bückeburger und der Biesterfelder Linie des Hauses um die Jahrhundertwende. Im November 1918 entsagte der letzte Landesfürst, Leopold IV., dem Thron.

Adel, Bürgertum und Hof beeinflußten die bäuerliche Küche. So richtig eigenständig wurden die Speisen aber nie, dazu war das Leben zu hart, der Ertrag, nach

Im Rauchabzug über dem Kamin, dem „westfälischen Himmel", wird der Schinken getrocknet. In dünne Scheiben geschnitten, auf hellem Brot serviert und mit Pumpernickel belegt, ist er eine Delikatesse.

den Herrschaftsabgaben, zu gering. Die Bäche und Flüsse lieferten Fische, die aber meist dem Adel, den Landbesitzern, vorbehalten waren, wie auch das Wild. Den Bauern blieb letztlich immer nur das, was selbst erzeugt wurde. So war das Schwein der Hauptfleischlieferant. Geschlachtet wurde früher meist zweimal jährlich, mit Schlachtfesten groß gefeiert. Verwertet wurde alles. Die besten Stücke jedoch, die Keulen, reiften später im Herdrauch zu den begehrten Schinken heran.

Welche Bedeutung die westfälischen Schinken und Würste bereits vor Jahrhunderten hatten, läßt sich belegen: Schinken war schon bei den alten Römern begehrt, die den „germanischen Schinken" in ihr Reich holten. Schon im 12. Jahrhundert sollen in Köln an einem eigenen Stand am Markt westfälische Schinken feilgeboten worden sein. Und mit zwölf westfälischen Schinken wollte die Stadt Dortmund im 15. Jahrhundert die Huld des mächtigen Kaisers Sigismund für sich gewinnen.

Denn Schinken war keine Alltagskost, zumal Schweine nicht in beliebig großer Anzahl von den Bauern gehalten werden konnten. Es war damals üblich, die Schweine zum Mästen in die Eichenwälder zu treiben. Diese Eichelmast wurde von der Obrigkeit streng reglementiert. Über die Anzahl der Bäume in einer Region wurde Buch geführt, und die Schweinemast orientierte sich an der Baumzahl, die im „Eichenregister" festgehalten war.

Doch die Region hat auch an Sehenswürdigkeiten einiges zu bieten. Beginnen wir mit der „Porta Westfalica", der Westfälischen Pforte. Das 88 Meter hohe Denkmal für Kaiser Wilhelm I. ermöglicht einen herrlichen Blick über das Land. Von dort aus führt der „Wittekindsweg" bis nach Osnabrück. Von der Pforte Westfalens machen wir einen Sprung in die ehemalige Hauptstadt der Region, Detmold. Das Westfälische Freilichtmuseum und Landesmuseum für Volkskunde ist das größte seiner Art in Deutschland. Natürlich sollte auch das fürstliche Residenzschloß, einst Wasserburg, besichtigt werden. Im Ortsteil Berlebeck zeigt die größte und älteste Adlerwarte Europas Freiflug-Demonstrationen.

Von der Burgruine Ravensberg in Borgholzhausen-Cleve ist ein

Oben: Noch heute wird auf manchen kleinen Höfen, meist im Winter, selbst geschlachtet. Häufig kommt dazu ein professioneller Schlachter ins Haus, ein sogenannter „fliegender Metzger“. Das Tier wird mit einem Bolzenschuß in die Stirn betäubt und über die geöffnete Halsschlagader ausgeblutet.
Unten: Schinkenstücke werden zunächst in einer Salzlake gepökelt, bevor sie zum Räuchern aufgehängt werden.

Bad Oeynhausen liegt im „Heilgarten Deutschlands“, dem Land zwischen Teutoburger Wald und Wiehengebirge. Es ist ein junger Kurort, die erste Quelle wurde 1839 entdeckt. Der Kurpark wurde nach den Plänen des bedeutenden Landschaftsgärtners Peter Joseph Lenné angelegt, Ende des 19. Jahrhunderts entstanden die ersten Badehäuser, dann das schloßartige Kurhaus.

Blick bis Münster und ins Sauerland möglich, im traditionsreichen Kurort Bad Salzuflen lädt der Kurpark zur Muße ein. Zwischen Stemwede und dem Schaumburger Wald, beidseitig des Mittellandkanals, befindet sich das „Mühlenland“ der Region. Mehr als 30 Mühlen der verschiedensten Art, manche wundervoll restauriert und betriebsfähig, sind zu entdecken. Malerisch liegt das kleine Bergstädtchen Tecklenburg mit der alten Schloßruine da. Im Torturm, der Legge, befand sich einst die landesherrliche Prüfstelle für das berühmte Leinen der Region. Noch heute findet hier im September alljährlich ein Leinenmarkt statt. Aus dem nahegelegenen Mettingen stammen gleich mehrere namhafte große Textilhandelshäuser. Im Tüöttenmuseum vor Ort kann man sich über das harte Leben der Leineweber und der Tüötten, der wandernden Hausierer, informieren.

Lemgo mit seinen schönen Fachwerkhäusern im typisch ostwestfälischen Baustil der Weserrenaissance ist einen Besuch wert; östlich der Stadt steht das alte Schloß Brake, dessen hoher Turm zur Besteigung lockt. Ein Abstecher nach Bad Oeynhausen mit seinem herrlichen Kurpark, dem Märchen- und Wesersagenmuseum sowie dem Auto- und Motorradmuseum sollte nicht versäumt werden. Die bizarren

Externsteine bei Detmold, vermutlich eine vorgeschichtliche Kultstätte, sind weitbekannt. Bielefeld, das Zentrum Ostwestfalens, imponiert nicht nur durch seine Urbanität und pulsierende Innenstadt, sondern auch durch seinen Grüngürtel und den „Hermannsweg“, einen langen Wanderweg, der zu den schönsten in Deutschland zählt.
In Minden mit seinem über tausendjährigen Dom und dem ältesten Rathaus Westfalens findet man das berühmte Wasserstraßenkreuz: unten fließt die Weser, während auf einer Trasse in 13 Meter Höhe der Mittellandkanal darüber geführt wird. In der Stadt Paderborn entspringt aus unzähligen Quellen der kürzeste Fluß Deutschlands, die Pader. Sehenswert sind der eindrucksvolle Dom, das Diözesan-Museum und die beiden Kaiserpfalzen. Die große Kirmes zu Ehren des Schutzheiligen, das „Libori-Fest“, findet im Juli statt. Historisch und für die kulturelle Entwicklung des nördlichen Deutschland besonders bedeutend ist die 822 gegründete Reichsabtei Corvey mit dem noch erhaltenen Westwerk aus karolingischer Zeit. Hier finden heute berühmte Musikwochen statt.

Im 16. Jahrhundert wurde Detmold fürstliche Residenz der Grafen zur Lippe. Die dortige Wasserburg ließen sie in ein vierflügliges Frührenaissanceschloß umbauen.

Land der Berge und Höhlen

Das Sauerland, geteilt in einen westfälischen und hessischen Teil, gehört zu den romantischen Landschaften unserer Republik, die bereits früh Touristen anzog. Berge, Hügel, sanfte Täler, in die sich die typischen Fachwerkbauten kuscheln, Felsen mit oft bizarren Formen, tiefe Höhlen, Grotten und Wälder bilden den Reiz dieser Landschaft. Stauseen, Kirchen, Schlösser und Museen tragen zu einem Erscheinungsbild bei, das vergessen läßt, daß die Menschen hier seit frühester Zeit ein herbes Leben führten, jeden Bissen Nahrung den kargen Böden abtrotzen mußten.
Besonders die Fachwerkbauten bestimmen den Eindruck von ländlicher Romantik: weiße Hausflächen, durch das Schwarz der Balken unterbrochen, häufig mit grünen Fensterläden versehen. Daneben gibt es auch Häuser mit grauen Schieferplatten beschlagen, manchmal in phantasievollen Mustern angeordnet. Uralte Höfe, denen die Unbilden der Natur – über Jahrzehnte, ja Jahrhunderte hinweg – anzusehen sind, zeigen sich mit einer beschlagenen Wetterseite. Gemeinsam ist ihnen allen der Eindruck einer bodenständigen Gediegenheit, der sich auch in den zahlreichen kleinen Gasthöfen der Region widerspiegelt. Trotz mäßiger Erträge und häufiger Notzeiten haben es die Bewohner immer schon verstanden, Feste zu feiern. So wird in Menden am Karfreitag die historische „Kreuztracht" zelebriert, eine Prozession, nach der sich die Teilnehmer an blankgescheuerten Tischen stärken müssen. In der Hallenberger Osternacht sind die „Krachmacher" mit Rasseln, Fanfaren und Trommeln unterwegs, die Osterfeuer lodern auf den Bergen und Hügeln weithin sichtbar. In Brilon wird der „Schnadegang" mit dem lauten Hörnerklang eines Jägerensembles eingeleitet. Die Schützenfeste landauf und landab sind auch eine Einladung zu Speis und Trank. Das „Gänsereiten" gehört in manchen Orten noch zur Tradition, wie natürlich auch die Erntefeste und die Schlachtfeste für alle ein Grund zum Feiern sind. Nicht vergessen werden darf der Höhepunkt eines jeden Jahres: die Kirmes. Weithin berühmt ist die Allerheiligenkirmes in Soest.
Durch die landschaftlich besonders schön gelegene Autobahntrasse „Sauerlandlinie" ist der Landstrich zu jeder Jahreszeit gut

Wie bei diesem Haus aus dem Lennetal, weist das sauerländische Fachwerk häufig durch Schriftzüge verzierte Balken auf. Durch das große Tor wurde früher Heu und Stroh zur Fütterung der Tiere gebracht. Heute befinden sich dahinter Küche und Wohnung.

Linke Seite:
Das Sauerland wird durch seine schmalen, engen Täler geprägt. Klar und streng gegliedert ist der Baustil des dortigen schwarz-weißen Fachwerks. Die Bauernhäuser zeigen keinen aufwendigen Schmuck, die Dächer sind mit bläulichem Schiefer gedeckt.

Die Balver Höhle mit ihrer besonders guten Akustik ist die größte Kulturhöhle Deutschlands. Hier finden jährlich zahlreiche Veranstaltungen statt, vom Schützenfest über Sinfoniekonzerte bis zum Jazzfestival.

zu erreichen. Das erleichtert einen Besuch auch im Winter. Winterberg am Kahlen Asten und Umgebung sind bei Rodlern wie auch Skifahrern bekannt und beliebt. Traumhaft schöne Loipen können die Skilangläufer genießen.

Doch auch in den Naturparks, in der Region gibt es immerhin fünf, kann man „die Seele baumeln lassen". Der Naturpark Arnsberger Wald umfaßt die Gegend vom nördlich des Möhnesees gelegenen Haarstrang bis an die Ruhr. Der Naturpark Ebbegebirge schließt Teile des Bergischen Landes, Teile des Märkischen Sauerlandes und die Landschaft rund um den Biggesee ein. Die Waldflächen des etwas kleineren Naturparks Homert zwischen dem Arnsberger Wald und dem Ebbegebirge werden durch mehrere Stauseen unterbrochen. Der größte Naturpark der Region, das Gebiet Rothaargebirge zwischen Ruhr und Sieg, wird von Wildbächen in Wiesentälern geprägt. Als fünfter reicht der Naturpark Diemelsee, östlich der Strecke Brilon – Winterberg, mit seiner ausgesprochenen Höhenlage weit ins hessische Nachbarland hinein.

Freunde des „Unterirdischen" geraten bei einer Visite der sauerländischen Höhlen ins Schwärmen. In der Dechenhöhle bei Letmathe entdeckten Besucher früherer Zeit noch „Armknochen und Beinknochen so dick wie der

achte Teil einer Tonne und einen Kopf so groß wie einen Scheffel". Reste von Höhlenbären, wie wir heute wissen. Jene schaurig wirkenden Überreste, bei Fackellicht einst furchteinflößend, sind heute im Museum zu besichtigen.
Als größte und schönste gilt die Attahöhle bei Attendorn, die „Tropfsteingardinen" dieses Naturwunders sind in ihrer Art einmalig.
Von der Natur ins Museum: Lüdenscheid, im 19. Jahrhundert als Knopfstadt bezeichnet, zeigt im Städtischen Museum eine umfangreiche Knopfausstellung mit künstlerischen Prachtstücken, die gleichzeitig ein Stück Kunst- und Kulturgeschichte bilden. Es gibt hier Knöpfe aus allen nur denkbaren Materialien zu bewundern, bemalt, geschnitzt, gehämmert, getrieben, gefräst.
Altena ist das traditionelle Zentrum der Drahtzieher, in der Burg Altena hoch über dem Lennetal erwarten den Besucher das Museum der Grafschaft Mark, das Märkische Schmiedemuseum und das Deutsche Drahtmuseum.
Iserlohn, bekannt durch die Eisenverarbeitung, feiert gern und häufig. Zu nennen sind die Reitertage und ein Fest besonderer Art: Am Pfingstmontag begibt sich jung und alt in den Stadtwald zum Ballots-Brunnen, um das kristallklare Wasser, das Gesundheit für das ganze Jahr verspricht, zu holen. Schützenverein und Gebirgsverein betreuen diese Veranstaltung, bei der auch Musik und Verpflegung dazugehören.
Unweit von Attendorn mit dem wuchtigen „Sauerländer Dom" befindet sich die mächtigste Burganlage des Sauerlandes, Burg Schnellenberg, heute Restaurant und Hotel. Schloß Hohenlimburg bei Hagen bildet im Sommer die romantische Kulisse für Freilichtspiele. Von dem Städtchen Halver berichtete ein Chronist 1792: „Man nährte sich vom Butterhandel, vom Vogelfang und trieb etwas Fabrik dazu." Heute gilt es, in dem kleinen Stadtkern zahlreiche fotogene Winkel zu entdecken.
In Hemer ist nicht nur die Burg Klusenstein, sondern auch die Heinrichs-Höhle, eine Tropfsteinhöhle, Anziehungspunkt. Das berühmte Felsenmeer in der näheren Umgebung ist eine geologische Besonderheit. In Balve wird die Tropfsteinhöhle kulturell genützt, so auch für Jazzkonzerte.
Soest, eine der ältesten westfälischen Städte, war früher ein

Nächste Doppelseite: Der stete Wechsel von Wald und Wiesentälern, Bergdörfern mit schmucken Fachwerkhäusern und Bergkuppen machen den Reiz dieser Mittelgebirgslandschaft aus. Große Naturschutzgebiete, Höhlen, Waldreichtum und zahlreiche Stauseen kennzeichnen sie als ideales Freizeit- und Erholungsgebiet, ein Paradies für Wanderer. Der Name „Sauerland" könnte vom keltischen „suirland" stammen, als Hinweis auf den Wasserreichtum der Gegend.

„Der Sauerländer ist ungemein groß und wohlgebaut, vielleicht der größte Menschenschlag in Deutschland, aber von wenig geschmeidigen Formen; ... Seine Physiognomie ist kühn und offen, sein Anstand ungezwungen, so daß man geneigt ist, ihn für ein argloseres Naturkind zu halten als irgend einen seiner Mitwestfalen; dennoch ist nicht leicht ein Sauerländer ohne einen starken Zusatz von Schlauheit, Verschlossenheit und praktischer Verstandesschärfe, ...“

Bilder aus Westfalen (1842), Annette von Droste-Hülshoff

wichtiges Mitglied der Hanse. Das sogenannte „Soester Recht“, ein Stadtrecht, wurde als Vorbild für die bekanntere Hansestadt Lübeck und andere verwendet. Bürgerhäuser, Adelshöfe und sehenswerte historische Kirchen machen diesen Ort, der durch Hans Jacob Christoph von Grimmelshausens „Der Abenteuerliche Simplicissimus“ noch bekannter wurde, zu einem „Muß“ bei einer Rundreise durch das Sauerland. Wenig entfernt liegt der bei Wassersportlern beliebte Möhnestausee. Im nahegelegenen Drüggelte steht die berühmte Kapelle aus der Zeit der Kreuzritter, in Wamel erwartet die Besucher ein kleines Künstlerdorf, in Mülheim befindet sich die Komturei des Deutschen Ordens und in Rüthen sind die Ackerbürgerhäuser und die Stadtmauer eindrucksvolle Zeugnisse vergangener Tage.

In Kallenhardt muß das Wasserschloß Körtlinghaus besucht werden, der bereits von den Römern genutzte Haarweg ermöglicht bei einem Spaziergang malerische Ausblicke in die Landschaft.

Warstein kennt man nicht zuletzt durch das dort gebraute „königliche“ Bier, Krombach, mit kunstvollem Bierbrunnen, nennt sich auch das „Dorf des Bieres“. Arnsberg besitzt eine malerische Schloßruine, im Sauerlandmuseum wird die Geschichte der Region dokumentiert. Natürlich müssen auch der Luftkurort Brilon, der Kneipp-Kurort Olsberg und das attraktive Dorf Assinghausen mit seinen Fachwerkhöfen genannt werden. Das Besucherbergwerk in Ramsbeck zeugt von dem früheren Silber-, Zink- und Bleiabbau der Gegend.

Ein kurzer Blick auf die kulinarischen Vorzüge dieses traditionsreichen Landstrichs darf natürlich nicht fehlen. Da das Sauerland zu den ärmsten Regionen Westfalens gehörte, waren die Speisen einfach, vor allem nahrhaft und sättigend. Zucker oder Honig gehörten zu den Kostbarkeiten in der Küche, die nur an hohen Feiertagen Verwendung fanden. Obst wurde getrocknet und als schmackhafte Ergänzung der frugalen Mahlzeiten übers Jahr gestreckt. Hering, die „Delikatesse des kleinen Mannes“, wurde als Alltagskost bereits seit dem 12. Jahrhundert auf dem Markt für Seefische in Soest verkauft und von dort bis in die kleinsten Dörfer gebracht.

Heute werden noch immer die ehemaligen Arme-Leute-Gerichte

der Gegend, in ihrer Art deftig und sättigend, bevorzugt, wobei zunehmend Restaurants Traditionelles mit neuem Pfiff versehen und in leichterer Version auf den Tisch bringen. Doch das dunkle und kernige Brot, möglichst im „Backes“, dem althergebrachten Backhaus, über Holzfeuer gebacken und mit deftigem Griebenschmalz bestrichen, wird ebenso geschätzt wie Schinken, Mettwürste, Blutwürste und natürlich das klassische Gericht „Himmel und Erde“.
Zur Kaffeezeit kommen die verschiedensten Stuten auf den Tisch, frisch gebackene Waffeln, nach Jahreszeit mit eingelegten Kirschen, Blaubeeren aus den Wäldern oder Erd- oder Himbeeren belegt und einem kräftigen Schlag Sahne dazu. Nicht ohne Grund stammt der weithin bekannte Spruch „Gut essen und trinken hält Leib und Seele zusammen, besser als eiserne Bänder“ aus Westfalen und wird natürlich auch im Sauerland beherzigt.

Die spitzen Giebel der Ackerbürgerhäuser in Freudenberg mit ihrem schwarz-weißen Fachwerk sind alle nach Osten ausgerichtet, der Ort wurde nach großen Bränden im 16. und 17. Jahrhundert nach einem strengen Ordnungsprinzip wieder aufgebaut. Wegen der Geschlossenheit seines historischen Stadtkerns gilt Freudenberg als „Baudenkmal von internationaler Bedeutung“.

Kohle, Bier und mehr

Als „Industriekathedrale“ wird heute die Zeche Zollern II/IV – hier mit Fördergerüst zu sehen – in Dortmund-Bövinghausen bezeichnet. Sie wurde von prominenten Architekten um die Jahrhundertwende erbaut, Ausstattung und Gestaltung von Zechenbauten und Siedlung galten als vorbildlich. Die Zeche wurde 1966 stillgelegt.

Landläufig wird mit dem Ruhrgebiet noch die Vorstellung von rauchenden Schloten, tristen Wohnsiedlungen, Brieftaubenzucht, schwarzen Halden und staubbedeckten Dächern verbunden. Das stimmt so heute nicht mehr. Das Gebiet hat sich in den vergangenen Jahrzehnten in seinem Aussehen so verändert, daß es für denjenigen, der es aus früheren Zeiten kennt, kaum wiederzuerkennen ist. Das gilt auch besonders für den nördlichen Teil des Reviers im Westfälischen mit Dortmund als Zentrum, der größten Stadt Westfalens.

Die Ruhr, deren Quelle im sauerländischen Rothaargebirge entspringt, schlängelt sich auf einer Länge von 235 Kilometern durch das Land und gibt dem Revier seinen Namen. Abfällig als „Ruhrpott“ bezeichnet, wird übersehen, daß dieses Gebiet ebenfalls geprägt ist von ausgedehnten Waldgebieten und Wiesen, eindrucksvollen Schlössern und zauberhaften kleinen Dörfern wie auch durch zahlreiche Grüngürtel und städtische Parkanlagen.

Dortmunds berühmte Westfalenhalle mit vielbesuchten Veranstaltungen steht am schön angelegten Westfalenpark mit dem Fernsehturm als Wahrzeichen, eine Galopp-Rennbahn sorgt für ein besonderes Sportangebot.

Sehenswert sind die zahlreichen Museen, darunter das Museum für Kunst und Kulturgeschichte, ein Brauerei-Museum und ein Kochbuchmuseum. Seit 1968 ist Dortmund auch Universitätsstadt.

Natürlich wird noch Kohle in den tiefen Stollen zahlreicher Bergwerke der Region gewonnen, wird Eisen geschmolzen und verarbeitet, hat die Schwerindustrie hier ein Kerngebiet, doch der Wandel ist unverkennbar. Das ehemals triste Erscheinungsbild der Region, das auch auf die Lebensqualität und den Menschen einwirkte, ist Vergangenheit.

Der Menschenschlag, ein „Sammelsurium“ europäischer Völker, wurde vom Schmelztiegel der Industrie zu einem ganz eigenen Typus geformt. So entwickelte sich hier eine Kultur, die durchaus als eigenständig bezeichnet werden kann.

Insbesondere die „flüssige Nahrung“ fand schnell Verbreitung. Wer käme schon auf die Idee, daß in den Dortmunder Brauereien mehr Gerstensaft gebraut wird als in der sogenannten Bierhochburg Deutschlands, der Stadt München? Eine Tatsache, auf die die Westfalen stolz sind.

Dortmund hat eine lange Brautradition – und in den vielen Kneipen der Stadt trifft man sich abends gerne bei einem oder mehreren Glas Bier zum geselligen Beisammensein.

1293 begann das Bierbrauen für die Dortmunder zu einem festen Erwerbszweig zu werden. König Adolf von Nassau, der Schulden bei den Stadtvätern hatte, erteilte der Stadt „aus königlicher Freigiebigkeit" das Recht, Bier zu brauen. Bis 1477 wurde ausschließlich „Grutbier" aus Malz, Harz, Lorbeer, Wacholder, Kümmel, Anis, Rosmarin und anderen Zutaten gebraut, Hopfen als Würzstoff wurde noch nicht verwendet. Mit dem Export des Bieres über die Grenzen der Stadt hinaus begann auch der Neid aus anderen Regionen, die ihre eigenen obergärigen Produkte zu verkaufen suchten. Dies löste einen regelrechten Bierkrieg aus, der mit einem Schelmenstück endete. Die Ratsherren der Städte Münster, Hamm, Minden und Bielefeld forderten die Dortmunder Handelsherren auf, ihre Lieferungen einzustellen. Die schickten aber weiterhin mit Bierfässern beladene Ochsengespanne in diese Städte. Der Streit eskalierte, als die Gegner des Fremdbieres Schützen beauftragten, die Fässer zu durchschießen. Durch die Ergreifung des Münsteraner Schützenanführers Jochen Beutelmann erreichte der Streit seinen Höhepunkt. Die Dortmunder verurteilten ihn zum Tod durch den Strang. Allerdings verfielen sie auf einen Trick: Am Tag der Exekution wurde der Schütze durch einen zum Tode verurteilten Dieb ausgetauscht. Die anderen Städte sammelten ihre wehrfähigen Mannen und zogen gen Dortmund, um Rache zu nehmen. Die Dortmunder aber sandten dem bewaffneten Troß eine Parlamentärsgruppe mit weißer Fahne und Jochen Beutelmann an der Spitze entgegen. Die Überraschung gelang, und alles endete mit einem ausgiebigen Bierfest und der Zusage, daß Dortmund fürderhin Bier auch in die anderen Städte, natürlich gegen eine Abgabe, liefern durfte. Werfen wir einen Blick auf die Biersituation in Westfalen zu Zeiten des Bierkrieges. In allen Städten, ja Dörfern wurde ebenfalls Bier gebraut, ein Vorrecht der Hausfrauen, die ihr Bestes gaben, einen halbwegs genießbaren Trank zu produzieren. Mit dem Anstieg der häuslichen Braukunst, für den auch neue Rezepturen und Zutaten sorgten, entwickelten sich typische Spezialitäten, die wir heute bestenfalls dem Namen nach kennen. Zu Beginn des 16. Jahrhunderts waren in Münster bereits sechs verschiedene Biersorten bekannt. Münster galt schon bald als Hochburg der westfälischen Biererzeugung. Doch auch in den Städten Paderborn, Osnabrück und Hamm entwickelte sich die Braukunst stetig.

Das damalige Bier wurde fast ausschließlich obergärig gebraut, wie heute das Alt- oder Weizenbier. Das in dieser Zeit in Westfalen entstandene „Keutbier", ein wenig gehopftes Dünnbier aus Weizen oder Hafer, wurde ein Exportschlager. Das veranlaßte die Münsteraner Handelsherren, eine Qualitätskontrolle für dieses in zahlreichen kleinen Privatbrauereien hergestellte Bier einzuführen, nur beste Qualität durfte exportiert werden. Die Brauer mußten eine Probe ihre Bieres im städtischen Probierhaus abliefern. Fand die Qualität Zuspruch, wurden die Fässer verschlossen und das Wappen der Stadt in das Faß eingebrannt. Nur gekennzeichnete Fässer durften die Stadttore passieren. Das, was nicht die amtliche Genehmigung erhielt, war für die Bürger der Stadt noch gut genug.

Das Bier, wie wir es heute kennen, wurde erst nach 1840 populär, als das aus Bayern stammende untergärige Brauverfahren in Westfalen Einzug hielt. Dieses Bier hatte den Vorteil einer längeren Lagerfähigkeit. Um 1870 wurde dann in Dortmund das „Helle" (Export) entwickelt und

Dortmund ist heute Europas Bierstadt Nummer eins. Kein Wunder also, daß hier dem Brauer ein Denkmal gesetzt wurde. Unter einem „Dortmunder" versteht man übrigens ein untergäriges, zart gehopftes, würziges Bier.

Die Ruhr ist ein sauberes, fischreiches Gewässer, sehr zur Freude aller Angler und ihrer Begleiter, die hier geduldig auf den großen Fang warten. Petri Heil!

machte die Stadt mit ihren zahlreichen Brauereien berühmt.
In Münster blieben die Brauer noch lange der Tradition des Altbierbrauens, des „Urbiers", treu. Allerdings hat von den zahlreichen Brauereien nur eine einzige bis heute überlebt: die Brauerei von Pinkus Müller.
Neben dem Bier gehört in Westfalen ein „Klarer" unbedingt dazu. Der Kornbrand, der seit dem 15. Jahrhundert neben der Braukunst zu den ältesten Produkten der Region gehört, ist durch Marken wie Steinhäger und andere bis heute bekannt und beliebt.
Da auf die Branntweine Steuern zu entrichten waren, versuchten die Landesherren natürlich, die Brennereien im Griff zu behalten. Einer Verfügung des Großen Kurfürsten aus dem Jahre 1653 ist zu entnehmen: „Das Branntweinbrennen wollen wir den Städten als ihre absonderliche Nahrung gönnen", um dann fortzufahren, deshalb „haben sich die Dorfschaften desselben nicht anzumaßen." Nur wenige Jahre nach dem Tod des Kurfürsten wurde der Branntwein aber auf adeligen und bürgerlichen Gütern wieder gebrannt. Nicht zuletzt, weil aus den Abfallprodukten der Brennereien, der Schlempe, die Schweinemast besonders gut und, durch den doppelten Nutzen, preiswert gelang.
Insbesondere im Münsterland wird bis heute Korn gebrannt. Zum Brennen zugelassen sind Weizen und Roggen, Buchweizen, Hafer und Gerste. Nicht erlaubt ist die Gewinnung von Alkohol aus Mais, Hirse und anderem Getreide. Nur die Produkte, die durch die zugelassenen Getreidearten produziert werden, dürfen sich „Münsterländer Korn" nennen. Ist anderer Alkohol, wie etwa Kartoffelbrand, zugesetzt, wird das Erzeugnis schlicht „Münsterländer", um beim Beispiel zu bleiben, oder „Klarer" genannt.
Der Steinhäger, jener „urwestfälische Landwein", stammt aus Steinhagen. Nur Brände aus diesem Städtchen unweit von Bielefeld am Rande des Teutoburger Waldes dürfen mit der Bezeichnung „Echter Steinhäger" oder „Original Steinhäger" vermarktet werden. Wird andernorts nach dem gleichen Verfahren gebrannt, mit Wacholderlutte, anderen Destillaten, Wasser und einigen zugesetzten Wacholderbeeren, so kommt das Produkt mit der Bezeichnung „Steinhäger", ohne die wichtigen Zusätze, auf den Markt.

Feste und Bräuche im Jahreslauf

Zu den ältesten Bräuchen überhaupt gehört das Verschenken von kleinen Neujahrskuchen, den Eiserkuchen, als „Nijöhrkes“ seit mehr als 450 Jahren aus Überlieferungen bekannt. Sie wurden in Waffeleisen zu Röllchen gebacken und galten als Freundschaftsgabe. Die alten Backformen, mit jahreszeitgemäßen und christlichen Motiven verziert, sind begehrte Sammlerstücke und häufig in Heimatmuseen anzutreffen.

Katholische Festtage prägen das Jahr. Der 6. Januar, der Dreikönigstag, wird im ganzen Land mit einem freien Tag begangen. In dem Städtchen Enger bei Herford wird an diesem Tag auch des Sachsenherzogs Widukind gedacht, der dort in der Stiftskirche begraben sein soll. Der Festtag ist bereits in einer Chronik aus dem Jahr 1581 als „gewohnt“ erwähnt. Nach dem Gottesdienst werden die Kinder mit „Timpken“, süßen Brötchen, beschenkt. Die Honoratioren der Stadt treffen sich zu einem festlichen Gedenkschmaus.

Mariä Lichtmeß, der 2. Februar eines Jahres, hatte früher einen besonderen Stellenwert im bäuerlichen Jahresablauf. An diesem Tag wurde das Gesinde bezahlt und die Vorräte auf den Höfen, die bestenfalls zur Hälfte verbraucht sein durften, von Bauer und Bäuerin genauestens geprüft. Ein festliches Essen gehörte dann dazu.

Obwohl der Fasching in Westfalen bei weitem nicht die große Rolle spielt wie in rheinischen Landen, sind die Rosenmontagszüge doch mancherorts, wie in Münster, so bedeutend, daß sie an das närrische Treiben in den Karnevalshochburgen erinnern.

In der Fastenzeit zwischen Fastnacht und Ostern werden noch heute in vielen Gotteshäusern die Altäre mit einem sogenannten „Hungertuch“ als Zeichen der Fast verhängt. Viele dieser Tücher sind aufwendig bestickt, Kunstwerke in sich, von denen das 4 Meter hohe und 7 Meter breite Hungertuch in Telgte aus dem Jahr 1623 zu den bekanntesten gehört. Die Fastenzeit wurde traditionell mit speziellen Speisen begangen. Fleisch mußte Fisch weichen, besonderes, meist alkoholreicheres Bier sollte das religiöse Fasten erleichtern.

Am Sonntag vor Ostern, dem Palmsonntag, werden vielerorts Zweige der Kätzchenweide von den Priestern gesegnet und als Segenszeichen in die Äcker

Mit Fähnchen geschmückt ist Münsters Altstadt zur Faschingszeit. Am Rosenmontag schlängelt sich dann der „närrische Lindwurm“ durch die Straßen und das bunte Narrenvolk treibt seinen fröhlichen Schabernack.

Zu Zeiten der Schützenfeste geht es in Westfalen hoch her.
Oben: Kräftig tönt die Blasmusik beim Schützenfest in Warendorf und sorgt für festlich-unterhaltsame Stimmung.
Unten: In traditionelle Gewänder gekleidet, hofft jeder der Schützen auf einen Schuß ins Schwarze.

gesteckt, eine Mischung aus heidnischem Fruchtbarkeitsritus und christlichem Brauch. Ostern werden fast überall im ganzen Land große Holz- und Buschstapel als Osterfeuer entzündet.
Um Pfingsten beginnt die Zeit der Schützen und ihrer häufig mehrere Tage andauernden Feste. Sie spielen im ganzen Land eine wichtige, auch gesellschaftliche Rolle, und die Festlichkeiten zogen sich früher, zu Zeiten der Armbrüste, bis zu drei Wochen hin.
Die Erntefeste müssen ebenso erwähnt werden wie auch die Schlachtfeste im Herbst, wenn die gemästeten Schweine auf den Höfen bei Hausschlachtungen zu schmackhaften Würsten, Sülzen und Schinken verarbeitet werden. Üppig geht es auch bei ländlichen Hochzeiten zu. Früher zog der sogenannte „Diängensmann“, eine Art reisender Heiratsvermittler, im Auftrag des Bauern, um dessen Sohn es ging, von Hof zu Hof auf der Suche nach einer Braut, die „wat in de Miälk to krümmeln“, also Besitz hatte. Waren die Eltern sich einig, konnte das Aufgebot bestellt werden. Die jungen Paare wurden meist nicht gefragt, denn der Hoferhalt war eine zu ernste Angelegenheit. Der „Gastbitter“ zog los, um die Gäste zur Hochzeit einzuladen. Bei jedem Eingeladenen mußte er zum Wohl einen Schnaps trinken, und sein Hochzeitsstab wurde mit einem

Das Schützenwesen hat in Westfalen eine lange Tradition, jeder Ort besitzt mindestens einen Schützenverein. Und Schützenkönig und Königin samt Gefolge verstehen aufs trefflichste zu feiern.

Nach altem Brauch werden in weiten Teilen Westfalens vielerorts zum Erntedankfest noch große Heuwagen bespannt und festlich geschmückt.

bunten Band geschmückt. So konnte man nachrechnen, wie weit seine Kondition gereicht hatte. Am Tag der Hochzeit, nachdem die Braut mit dem Brautwagen und der für jedermann sichtbar mitgeführten Aussteuer auf den Hof des Bräutigams gebracht wurde, begann die eigentliche Feier. Es wurde gereicht, was Küche und Keller zu bieten hatten. Eine richtige Hochzeit dauerte früher mindestens drei Tage.

Bei vielen großen und kleinen Festen, ob nun Kirmes, Kirchenfeste oder Märkte, wird altes Brauchtum gepflegt. So findet seit über 700 Jahren im September der Vieh- und Pferdemarkt in Telgte statt, „Kiepenkerlsonntag" ist in Stadtlohn jeweils der dritte Sonntag im Oktober, und Mariä Himmelfahrt wird in Warendorf mit festlicher Stadtillumination und Prozession gefeiert. Bekannt sind auch die Martini-Märkte mit jahrhundertealter Tradition, besonders der in Nottuln. Er findet am Wochenende vor dem Volkstrauertag statt.

An Weihnachten ist in manchen westfälischen Orten das Turmsingen oder -blasen noch liebgewordener Brauch. Choräle und Weihnachtslieder sorgen für Stimmung, ein kräftiger Punsch für innere Wärme. Schon Wochen im voraus lassen die vielen kleinen und großen Weihnachtsmärkte im ganzen Land die Kinder dem Tag der Geschenkfreuden entgegenfiebern. Stutenkerle wurden bereits zu Nikolaus verteilt. Zum Fest selbst gehören festliches Gebäck, Braten und Naschwerk wie in allen deutschen Landen.

Vorspeisen, Suppen und kleine Gerichte

Münsterländer Gänsesuppe

Gänseklein, frisches Gemüse und Graupen sind die Grundlage dieser köstlichen Suppe, die eine Gänsekeule noch gehaltvoller macht. Die Zutaten sind einfach, wie das Landleben früherer Zeiten. Gekocht wurde das, was Haus und Hof hergaben. An den Zutaten erkennt man die Suppe als typisches Herbstgericht zur Schlachtzeit der Gänse.

1 Gänsekeule (etwa 250 g)
1 kg Gänseklein (Flügel, Hals, gesäuberter Magen und Herz)
1 Stange Porree
150 g Knollensellerie
2 Petersilienwurzeln
Salz
150 g Perlgraupen
1 ½ Liter Geflügelfond
100 g Crème fraîche
etwa ½ Liter süße Sahne
je 1 Zweig Liebstöckel und Majoran
Salz
weißer Pfeffer
je 1 EL gehackter Kerbel und Petersilie

Tip:
Anstelle der Graupen kann als Einlage auch Buchweizengrütze verwendet werden.

Die Keule und das Gänseklein zusammen mit dem gewaschenen und geputzten Gemüse in Salzwasser etwa 1 Stunde gar kochen. Dann das Fleisch herausnehmen, von den Knochen lösen und die Haut entfernen. Das Fleisch abkühlen lassen.
Die Perlgraupen abspülen und in dem Geflügelfond etwa 40 Minuten garen. Anschließend pürieren und mit der Crème fraîche, der süßen Sahne und den Gewürzzweigen kurz aufkochen. Die Kräuterzweige entfernen und die Suppe mit Salz und Pfeffer abschmecken.
Das Fleisch in mundgerechte Würfel schneiden und in die Suppe geben. Nochmals erhitzen und, mit Kerbel und Petersilie bestreut, servieren. Als Beilage paßt frischer Pumpernickel.

Westfälische Hochzeitssuppe

Für den Eierstich:
⅛ Liter Milch
2 Eier
Salz
1 Messerspitze abgeriebene Muskatnuß
Butter für die Form

Für die Suppe:
2 kg Rinderknochen
Salz
500 g Rinderbrust
1 Bund Petersilie
1 Stange Porree
2 Karotten
1 kleines Stück Knollensellerie
2 Zwiebeln
100 g Blumenkohl
abgeriebene Muskatnuß

Tip:
Sehr lecker schmeckt die Suppe auch mit fein geschnittenen Karotten und Zuckerschoten als Einlage.

Für den Eierstich: Die Milch bis kurz vor dem Siedepunkt erhitzen. Die Eier mit einem Schneebesen schaumig schlagen und die heiße Milch langsam unter die Eimasse rühren. Mit Salz und Muskat fein abschmecken.
Eine feuerfeste Auflaufform mit Butter ausstreichen und die Eiermilch durch ein feinmaschiges Sieb in die Form gießen. In ein Wasserbad stellen und bei 150 °C im Backofen etwa 15 Minuten stocken lassen. Herausnehmen und den Eierstich in der Form erkalten lassen, dann stürzen und in Würfel schneiden.
Für die Suppe: Die Rinderknochen mit heißem Wasser abspülen. In kaltem Wasser zum Kochen bringen, dann etwas Salz einstreuen. Die Rinderbrust dazugeben und 2 bis 3 Stunden leicht kochen lassen, dabei den Schaum von Zeit zu Zeit abheben. Die fertige Brühe entfetten.
Die Petersilie grob hacken, das Gemüse putzen und waschen. Die Petersilie (etwa 3 Eßlöffel davon zurückbehalten), den Porree, die Karotten und die Sellerie etwa 1 Stunde vor Ende der Garzeit unzerkleinert zu dem Fleisch geben. Die Zwiebeln schälen, grob zerkleinern und dazugeben. Den Blumenkohl in etwa 1 Liter Wasser 15 bis 20 Minuten getrennt garen.
Die Rinderbrust, die Knochen und das Gemüse aus der Brühe nehmen. Die Brühe durch ein feines Sieb passieren und mit Salz und Muskat abschmecken. Das Fleisch in mundgerechte Würfel schneiden, den Blumenkohl in kleine Röschen teilen und beides mit dem Eierstich in vorgewärmte Suppentassen geben, mit der Brühe auffüllen. Als Beilage getoastetes Kastenweißbrot reichen.

Da auch in einem Landstrich mit hohem Viehbestand Rindfleisch besonders zu festlichen Anlässen gereicht wurde, verlor die traditionelle Hochzeitssuppe nie ihren Nimbus eines festlichen Gaumenschmauses. Noch zu Zeiten unserer Großeltern war sie ein „absolutes Muß“ bei großen Festmählern. Je mehr Fleisch in der Suppe, als desto wohlhabender präsentierte sich der Gastgeber.

Blindhuhn

- 300 g getrocknete weiße Bohnen
- 250 g durchwachsener Speck
- 200 g grüne Bohnen
- 250 g Karotten
- 400 g Kartoffeln
- 2 saure Äpfel
- 2 Kochbirnen
- 20 g Butter
- 2 kleine Zwiebeln
- Salz
- weißer Pfeffer
- 2 EL gehackte Petersilie

Die weißen Bohnen etwa 12 Stunden in 1 Liter kaltem Wasser einweichen. Anschließend im Einweichwasser zusammen mit dem in Würfel geschnittenen Speck in etwa 70 Minuten weich kochen.

Das restliche Gemüse waschen und putzen oder schälen. Die grünen Bohnen halbieren, die Karotten in Scheiben und die Kartoffeln in Würfel schneiden, dazugeben und mitkochen.

Die Äpfel und Birnen schälen und das Kerngehäuse entfernen. Das Obst in Scheiben schneiden, zu dem Eintopf geben und etwa 30 Minuten mitgaren.

Die Butter in einer Pfanne erhitzen. Die Zwiebeln schälen, in Würfel schneiden und in der Butter anrösten, dann in den Eintopf geben. Das Ganze mit Salz und Pfeffer abschmecken und, mit der Petersilie bestreut, servieren. Dazu paßt ein kühles Pils.

Blindhuhn ist ein urwestfälisches Gericht, das mit leicht veränderten Zutaten auch im benachbarten Niedersachsen beheimatet ist. Wichtig ist die leichte säuerliche Note, die durch die Äpfel und Birnen unterstrichen wird. Henriette Davidis, die berühmte westfälische Kochbuchautorin, empfahl ihren Lesern, eventuell mit ein wenig Essig dem Geschmack „auf die Sprünge“ zu helfen, falls die Äpfel und Birnen nicht ausreichend Säure lieferten. „Schmecken tut es nach mehr“, wie die Westfalen – allerdings auf Platt – sagen.

Merkur

Suppen mit Pfiff

KNUDELSUPPE MIT SCHINKENTASCHEN

Für die Suppe:
800 ml Fleischbrühe
je 70 g geputzte Karotten, Porree, Knollensellerie und Petersilienwurzel
1 Bund Petersilie

Für die Schinkentaschen:
120 g gekochte Kartoffeln
120 g rohe Kartoffeln
100 g Mehl
Salz
schwarzer Pfeffer
1 Messerspitze abgeriebene Muskatnuß
60 g gekochter Schinken
100 g Butter

KARTOFFELSUPPE MIT STEINPILZEN

500 g Kartoffeln
Salz
½ TL Kümmelsamen
1 Zwiebel
40 g Schweineschmalz
2 EL Mehl
weißer Pfeffer
1 Messerspitze getrockneter Majoran
200 g frische Steinpilze
½ Bund Petersilie
125 g saure Sahne

KNUDELSUPPE MIT SCHINKENTASCHEN (oben)

Für die Suppe: Die Brühe erhitzen. Das Gemüse in Scheiben schneiden und etwa 15 Minuten in der Brühe kochen lassen. Die Petersilie hacken.

Für die Schinkentaschen: Die gekochten und die rohen Kartoffeln schälen, fein reiben und mit 3 Eßlöffel Mehl, etwas Salz, Pfeffer und Muskat verkneten. Den Teig auf einer bemehlten Arbeitsfläche dünn ausrollen und 12 Plätzchen von 5 bis 6 cm Durchmesser ausstechen. Den Schinken in kleine Würfel schneiden. Die Teigstücke halbseitig mit Schinken belegen, zusammenklappen, die Ränder fest andrücken. Etwa 5 Minuten in der heißen Brühe ziehen lassen, dann herausnehmen.

Die Butter in einer Pfanne erhitzen und die Schinkentaschen darin unter Wenden goldbraun braten. Die Suppe mit Petersilie bestreuen und getrennt zu den Teigtaschen servieren. Dazu paßt Landbrot.

Salopp gesagt, könnte man diese kleinen gefüllten Teigtaschen als westfälisches Gegenstück zu den schwäbischen Maultaschen bezeichnen.

KARTOFFELSUPPE MIT STEINPILZEN (unten)

Die Kartoffeln schälen und kleinwürfeln. In gut 1 Liter Wasser mit etwas Salz und dem Kümmel etwa 5 Minuten kochen. Dann die Würfel herausnehmen und beiseite stellen, das Kartoffelwasser aufheben.

Die Zwiebel schälen, hacken und in einer Pfanne in heißem Schmalz goldgelb rösten. Das Mehl dazugeben und hellgelb anschwitzen. Mit etwas Kartoffelkochwasser ablöschen, mit Pfeffer und Majoran abschmecken. Die Suppe gut durchkochen, dann die Kartoffelwürfel dazugeben.

Die Steinpilze putzen, waschen und in Stücke schneiden. In die Suppe geben und einige Minuten darin gar ziehen lassen. Die Petersilie hacken. Die Suppe mit der sauren Sahne verfeinern, nochmals abschmecken und, mit gehackter Petersilie bestreut, servieren. Geröstetes Landbrot dazu als Beilage reichen.

Die Steinpilze geben dieser traditionellen Kartoffelsuppe, von den Hausfrauen entsprechend der Jahreszeit abgewandelt, erst ihre ganz besonders schmackhafte Note. Auch andere Waldpilze können verwendet werden.

Schnippelbohnensuppe mit Mettwurst

1 mittelgroße Zwiebel
80 g Butter
400 g Stangenbohnen
125 ml süße Sahne
1 Liter Fleischbrühe
25 g Mehl
Salz
weißer Pfeffer
1 Messerspitze abgeriebene Muskatnuß
2 kleine Mettwürste

Die Zwiebel schälen und in Würfel schneiden. 20 g Butter in einem Topf erhitzen und die Zwiebelwürfel darin anschwitzen. Die Bohnen waschen und putzen, die Hälfte davon zu den Zwiebeln geben. Die süße Sahne hinzufügen, kurz aufkochen und dann vom Herd nehmen.

Die Brühe in einem Topf zum Kochen bringen. Die restlichen Bohnen in Stücke schneiden und etwa 20 Minuten in der Brühe kochen.

Die bereits gekochten ganzen Bohnen aus dem Sahnefond heben und pürieren. Den Sahnefond erneut aufkochen und etwa 10 Minuten unter Zugabe des Bohnenpürees bei geringer Hitze weiterkochen.

Die Schnippelbohnen durch ein Sieb in eine Schüssel abgießen. Die Brühe zu dem Sahnefond geben, nochmals aufkochen, dann durch ein Sieb in einen Topf passieren.

Das Mehl mit 25 g Butter verkneten. Die Mehlbutter stückchenweise in die Suppe geben. Die restliche Butter ebenfalls hinzufügen und mit einem Handmixer aufschäumen.

Die Mettwürste pellen und in Scheiben schneiden. Mit den Schnippelbohnen etwa 10 Minuten in der Suppe erhitzen und heiß mit Vollkornbrot servieren.

Kleine Mettwürste, auch als „Mettenden" bekannt, sind ideale Begleiter für Schnippelbohnen. Diese, in Westfalen auch Veits-, Fitze- oder Vietzebohnen genannt, verdanken ihren volkstümlichen Namen ihrer Zubereitung, dem Zerschnippeln in etwa vier Zentimeter lange Stücke. Früher mußten dabei zunächst noch die Fäden von den Bohnen entfernt werden. Dank neuerer Züchtungen gehört diese mühsame Arbeit der Vergangenheit an.

Biersuppe
Buttermilch-Brotsuppe

BIERSUPPE
½ Liter Milch
1 Stück Zimtstange
Salz
60 g Zucker
2 EL Speisestärke
1 Ei
½ Liter helles Bier

Tip:
Eine gänzlich andere Geschmacksnote erhält die Suppe, wenn anstelle von Zimt einige Nelken in einem Tee-Ei mitgekocht werden.

BUTTERMILCH-BROTSUPPE
125 g altbackenes Mischbrot
125 g entsteinte Backpflaumen
Salz
¾ Liter Buttermilch
2 EL Zucker
1 TL abgeriebene Schale von 1 unbehandelten Zitrone
1 Stück Zimtstange
3 EL Sultaninen
80 ml fruchtiger Weißwein

Tip:
Anstelle der Backpflaumen kann auch die gleiche Menge grob gehacktes Trockenmischobst in die Suppe gegeben werden.

BIERSUPPE (oben)
Die Milch mit der Zimtstange, etwas Salz und 4 Eßlöffel Zucker aufkochen und mit der in wenig kaltem Wasser angerührten Speisestärke binden.
Das Ei trennen. Das Eigelb mit dem restlichen Zucker gut verrühren und mit dem Bier vermischen. Das Bier nach und nach in die heiße Milch rühren und alles gut erhitzen, aber nicht mehr kochen. Die Zimtstange aus der Suppe nehmen.
Das Eiweiß mit 1 Messerspitze Salz zu steifem Schnee schlagen. Mit einem Teelöffel kleine Klößchen abstechen, diese auf die heiße Suppe setzen. Im Topf zugedeckt etwa 5 Minuten ziehen lassen, bis die Klößchen fest sind, die Suppe darf dabei nicht kochen. Heiß servieren. Geröstetes Kastenweißbrot dazu reichen.

Bei dieser Dortmunder Biersuppe gehört für manche westfälische Hausfrauen Milch unbedingt dazu, andere jedoch meinen, nur das Bier und ein wenig Wasser – je weniger, desto besser – reiche aus. Bier wurde früher für eine Suppe nur bei besonderen Anlässen verwendet.

BUTTERMILCH-BROTSUPPE
Das Brot grob zerbröseln und über Nacht in 300 ml Wasser einweichen. Die Backpflaumen über Nacht in 450 ml Wasser einweichen.
Am nächsten Tag das Brot mit der Flüssigkeit durch ein Sieb in einen Topf streichen, aufkochen und mit Salz würzen. Die Backpflaumen mit dem Einweichwasser, der Buttermilch, dem Zucker, der Zitronenschale, der Zimtstange und den Rosinen zu der Brotsuppe geben, aufkochen und bei geringer Hitze etwa 30 Minuten ziehen lassen. Die Zimtstange herausnehmen. Die Suppe mit dem Wein abschmecken und heiß oder kalt servieren. Als Beilage paßt frischer Pumpernickel sehr gut.

Buttermilchsuppen wurden in früheren Zeiten auf den Höfen häufig zum Frühstück gereicht. Buttermilch gab es reichlich, denn Butter wurde verkauft, um Geld in die Kasse zu bekommen. Durch die Zugabe von Backpflaumen, Rosinen und etwas Wein wurde daraus eine Festtagssuppe, die noch heute bei Erntefesten auf dem Lande serviert wird.

DAB

Westfälische Zwiebelbrote

Für 3 kleine Laibe

1 kg Roggenmehl (Type 1150)
100 g lauwarmer frischer Sauerteig
1½ Würfel frische Hefe
2 TL Salz
½ TL schwarzer Pfeffer
1 Messerspitze gemahlener Kardamom
4 große Zwiebeln
30 g Butter
3 EL Mehl zum Bestäuben

Tip:
Noch lauwarm mit Griebenschmalz bestrichen, sind die Brote eine ideale Beilage zu einem knackigen Salat.

Die Hälfte des Mehles in eine große Schüssel sieben. Den Sauerteig mit ¾ Liter lauwarmem Wasser und der Hefe mischen und alles unter das Mehl rühren. Den Vorteig mit einem Tuch bedecken und an einem warmen Ort etwa 12 Stunden gehen lassen.
Das restliche Mehl mit dem Salz, Pfeffer und Kardamom unter den Vorteig kneten. So lange kneten und schlagen, bis der Teig Blasen wirft und sich gut vom Schüsselrand löst.
Die Zwiebeln schälen und in kleine Würfel schneiden. 20 g Butter in einer Pfanne erhitzen. Die Hälfte der Zwiebelwürfel darin goldgelb dünsten, dann abkühlen lassen. Die rohen und die gedünsteten Zwiebeln mischen und unter den Teig kneten.
Ein Backblech mit der restlichen Butter einfetten. Aus dem Teig drei längliche Laibe formen, auf das Blech legen und, mit einem Tuch bedeckt, etwa 1 Stunde ruhen lassen.
Den Backofen auf 220 °C vorheizen. Die Brote mit etwas Wasser bestreichen und mit einem scharfen Messer mehrfach diagonal einkerben. Jeden Laib mit 1 Eßlöffel Mehl bestäuben. Die Zwiebelbrote auf der untersten Schiene des Backofens etwa 35 Minuten bei 220 °C backen.

Voller Wehmut denkt manch einer heute an die Zeiten zurück, als nahezu in jedem Dorf ein Backhaus stand, in dem die Frauen abwechselnd an bestimmten Wochentagen ihre Brote auf Vorrat backten. Auf den Bauernhöfen war das Brotbacken ohnehin eine Selbstverständlichkeit. Neue Rezepte wurden entwickelt und weitergereicht. Eines dieser traditionellen Brote ist das Zwiebelbrot, das Rezept aus preiswerten Zutaten war weit verbreitet. Abgewandelt für heutige Öfen kann diese Spezialität schon bald auf Ihrem Tisch einen festen Platz einnehmen.

Lippischer Pickert

500 g Kartoffeln
500 g Mehl
20 g Hefe
2 EL Zucker
½ Liter Vollmilch
etwas Mineralwasser nach Bedarf
2 Eier
Salz
120 g Rosinen
4 EL Pflanzenöl

Tip:
Da der Teig recht lange ruhen muß, lohnt es sich, mehr Teig als benötigt anzusetzen und einige fertige Pfannkuchen einzufrieren.

Die Kartoffeln schälen und reiben, die Flüssigkeit abschütten und dann mit dem gesiebten Mehl sehr gut vermischen. Die Hefe mit 1 Eßlöffel Zucker in etwas lauwarmer Milch auflösen und unter den Teig rühren. Die Eier, Salz, den übrigen Zucker und die Rosinen dazugeben. Mit der restlichen Milch gut verrühren, den Teig nicht zu fest werden lassen. Bei Bedarf noch etwas Milch oder Mineralwasser dazugeben. Den Teig zugedeckt an einem warmen Ort etwa 2 Stunden gehen lassen, bis sich das Volumen verdoppelt hat. Anschließend nochmals gut durchkneten und erneut etwa 1 Stunde gehen lassen. Vor dem Backen den Teig erneut durchrühren.
Jeweils 1 Eßlöffel Öl in einer Pfanne erhitzen und nacheinander vier Pfannkuchen goldgelb backen und warm stellen. Als Beilage schmecken Kompott oder Wurstscheiben und Salat.

Der Lippische Pickert ist eine edle Version des eher auf dem Lande verbreiteten Lappenpickert und hat seinen Ursprung in städtischen Haushalten. Die einfachen Zutaten wurden im Laufe der Zeit so umkomponiert, daß diese köstliche lippische Variante entstand.

Griese Grete
Ziegenkäse mit Birnen

GRIESE GRETE
150 g altbackenes Weißbrot
150 g frisches dunkles Roggenbrot
2 EL brauner Zucker
180 g entsteinte Backpflaumen
180 g Dörrbirnen
¾ Liter Buttermilch

Tip:
Als Variation können auch Rosinen oder gemischtes Trockenobst für die Suppe verwendet werden.

ZIEGENKÄSE MIT BIRNEN
2 nicht zu reife Birnen
4 EL Heidehonig
2 EL Apfelessig
300 g Schwelmer Ziegenhartkäse (mindestens 3 Monate alt)
einige Melisseblättchen

Tip:
Für weitere Geschmacksvarianten können die Birnen durch Kürbis oder Quitten ersetzt werden.

GRIESE GRETE (unten)
Das Brot in einen Topf bröseln, ¾ Liter Wasser, den Zucker und das Dörrobst dazugeben und alles kurz aufkochen. Anschließend die Buttermilch einrühren, so daß eine dicke Suppe entsteht. Die Suppe nochmals erhitzen und servieren. Dazu Weißbrot als Beilage reichen.

Früher galt diese Suppe aus dem Münsterland als ausgesprochene „Arme-Leute-Speise". Die Zeiten haben sich geändert. Die Zutaten schmecken in dieser Kombination nicht nur delikat, sie sind auch bekömmlich und gesund.

ZIEGENKÄSE MIT BIRNEN
Die Birnen schälen, das Kerngehäuse entfernen und die Birnen in Würfel schneiden. Den Honig in einer Pfanne erhitzen und die Birnenwürfel darin leicht karamelisieren. Mit dem Essig ablöschen und mit 100 ml Wasser aufkochen. Die Birnen in dem Sud etwa einen Tag ziehen lassen. Den Käse dünn hobeln und auf vier Teller verteilen. Die Birnenwürfel in Portionen auf die Teller geben und mit Melisseblättchen garnieren. Dazu paßt Pumpernickel mit Butter.

Ziegenkäse ist eine Spezialität, dessen Herkunft man eher in südlichen Ländern vermuten würde. Da die produzierte Menge nicht ausreicht, um einen größeren Markt zu versorgen, muß sich der Liebhaber dieses Leckerbissens die Mühe machen und nach Schwelm ins Westfälische reisen. Die Kombination des mindestens drei Monate gereiften Käses mit dem feinen Aroma der Birnen ist ein einmaliges Gaumenerlebnis.

Knisterfinken

1 kg Rübstiele (Stielmus)
Salz
750 g Kartoffeln
30 g Butter
3 EL Mehl
¼ Liter Vollmilch
weißer Pfeffer
1 Messerspitze abgeriebene Muskatnuß

Das Blattgrün grob von den Rübstielen streifen. Die Stiele unter fließendem Wasser waschen, abtropfen lassen und in 3 bis 4 cm lange Stücke schneiden. In leicht gesalzenem Wasser etwa 10 Minuten garen, dann abtropfen lassen. Die Kartoffeln in der Schale in Salzwasser etwa 20 bis 25 Minuten kochen, etwas abkühlen lassen, schälen und in Würfel schneiden.
Aus der Butter und dem Mehl in einer Pfanne eine helle Mehlschwitze bereiten. Mit der Milch ablöschen und etwa 8 Minuten durchkochen. Mit Salz, Pfeffer und Muskat abschmecken.
Die Rübstiele und die Kartoffeln in die Sauce geben und etwa 5 Minuten ziehen lassen.
Als Beilagen schmecken geräucherte Mettwürste, Speck, Schweinebraten, gebratene Koteletts, Frikadellen oder roher Schinken in Scheiben.

Knisterfinken – der Name dieses Gerichtes klingt so recht ländlich und altmodisch, hat aber einen ganz banalen Hintergrund: Wenn das junge Rübenkraut (Rübstiel oder Stielmus nennt man Stiele und Blätter einer weißen Rübe) vor dem Essen nicht gründlich genug gewaschen wurde, blieb etwas von der schweren westfälischen Erde daran haften. Und beim Essen „knisterte", oder besser gesagt, knirschte es dann zwischen den Zähnen. Es war also durchaus kein Kompliment für die Hausfrau, wenn sie „Knisterfinken" auf den Tisch brachte.

Für den kleinen Hunger

MARINIERTE EIER
12 Eier
Salz
1 Liter Weißweinessig
1 EL Pfefferkörner
1 EL Pimentkörner
2 EL gehackter frischer Ingwer

Tip:
Die Eier zum Marinieren nicht in den Kühlschrank stellen, weil sie sonst die Würze nicht richtig aufnehmen.

WESTFÄLISCHE WURSTBRÖTCHEN
400 g frische grobe Bratwürste
1 altbackenes Brötchen
Salz
weißer Pfeffer
2 Pakete Tiefkühl-Blätterteig
Mehl für die Arbeitsfläche
1 Ei
1 Eigelb

MARINIERTE EIER (oben)
Die Eier in kräftig gesalzenem Wasser etwa 10 Minuten kochen, dann mit kaltem Wasser abschrecken.
Den Essig in einem Topf aufkochen. Die Pfeffer- und die Pimentkörner grob zerdrücken. Pfeffer, Piment und Ingwer zu dem Essig geben und etwa 10 Minuten köcheln, dann abkühlen lassen.
Die Eier schälen, in ein hohes Gefäß schichten und den Essig durch ein feines Sieb darübergießen.
Das Gefäß mit Einmachhaut fest verschließen und an einem kühlen Ort etwa 8 Tage ruhen lassen. Die fertigen Eier werden zu Landbrot und Butter gegessen.

Nur wenige Rezepte für die Konservierung von Eiern sind überliefert. Über einen längeren Zeitraum lagerungsfähig gemacht, verleiht ihnen dieses Rezept außerdem eine schmackhafte kulinarische Eigenständigkeit. Als Vorspeise, zu Bratkartoffeln oder Bauernbrot, finden die marinierten Eier schnell, manchmal zu schnell, ihre Liebhaber.

WESTFÄLISCHE WURSTBRÖTCHEN (unten)
Die Würste aufschneiden und das Wurstbrät herausdrücken. Das Brötchen abreiben, in dünne Scheiben schneiden und in etwas Wasser einweichen. Ausdrücken und unter das Wurstbrät kneten. Mit etwas Salz und Pfeffer würzen.
Den Blätterteig auftauen lassen, auf einer bemehlten Arbeitsfläche ausrollen und in Quadrate schneiden. Das Brät zu kleinen Würsten formen und darin einrollen. Die Teigränder mit dem verquirlten Ei bestreichen und zusammendrücken.
Ein Backblech mit kaltem Wasser benetzen, die Brötchen mit der Naht nach unten darauf setzen und mit dem verquirlten Eigelb bestreichen. Im Backofen bei etwa 220 °C goldbraun backen. Die Wurstbrötchen heiß servieren. Dazu paßt Senf, Bier und ein frischer Salat.

Der Name „Wurstbrötchen" für diese typische westfälische Spezialität ist eigentlich eine Untertreibung. Als rasch zubereitete Vorspeise oder Zwischenmahlzeit sind diese Wurstbrötchen auf jeden Fall eine kleine Delikatesse.

Saubohnensalat mit Blutwurst

Dicke Bohnen und Blutwurst, zwei typische Bestandteile westfälischer Gerichte, vereinen sich hier mit Zutaten der modernen Küche zu einer ganz neuen Kreation.

300 g dicke grüne Bohnenkerne
Salz
4 EL Balsamico-Essig
4 EL Walnußöl
4 EL Diestelöl
50 g Rosinen
schwarzer Pfeffer
Zucker
2 säuerliche Äpfel
400 g Bauernblutwurst
2 Zweige Kerbel

Tip:
Noch raffinierter schmeckt die Marinade, wenn Honigessig mit Walnuß- und Traubenkernöl verrührt wird.

Die Bohnen in Salzwasser etwa 40 Minuten garen, dann abtropfen und abkühlen lassen. Den Essig mit den beiden Ölsorten verrühren und die Rosinen dazugeben. Die Marinade mit Salz, Pfeffer und etwas Zucker abschmecken. Die Äpfel schälen und das Kerngehäuse entfernen, die Äpfel in Würfel schneiden. Die Bohnen und die Äpfel mit der Marinade vermengen und dann nochmals abschmecken. Die Blutwurst in dünne Scheiben schneiden und auf vier Teller verteilen. Kerbelblättchen abzupfen. Den Salat auf die Teller geben und mit einigen Kerbelblättchen garnieren. Dazu passen getoastete Weißbrotscheiben oder Pumpernickel mit Butter.

Distel
Oel
kalt gepreßt
0,25 l

Fleisch, Wild und Geflügel

Ochsenfleisch in Biersauce

4 Scheiben fetter Räucherspeck
1 kg Schmorbraten
1 große Zwiebel
1 Karotte
1 Lorbeerblatt
12 Pfefferkörner
Salz
schwarzer Pfeffer
½ Liter Altbier
2 EL Essig
1 TL Rübensirup
2 EL Mehl

Tip:
Anstelle von Bier kann auch Rot- oder Weißwein genommen werden. Man sollte aber immer etwas Wasser dazugießen, damit der Geschmack nicht zu intensiv wird.

Einen Schmortopf mit den Speckscheiben auslegen und das Fleisch darauf geben. Die Zwiebel und die Karotte schälen bzw. putzen, grob zerkleinern und mit dem Lorbeerblatt und den Pfefferkörnern um das Fleisch verteilen. Das Fleisch mit Salz und Pfeffer bestreuen. Das Bier und ¼ Liter Wasser angießen. Den Essig mit dem Sirup gut verrühren und zu dem Bier geben. Den Braten zugedeckt etwa 2 Stunden garen. Falls erforderlich, etwas Bier, mit einem Drittel Wasser vermischt, nachgießen.
Wenn der Braten gar ist, das Fett von der Sauce abschöpfen, in eine Pfanne geben und das Mehl darin anbräunen. Den Sud durch ein feines Sieb gießen, dazugeben und gut verrühren. Die Sauce einige Minuten kochen lassen, dann mit Salz und Pfeffer abschmecken. Den Braten in Scheiben schneiden und in der Sauce anrichten.
Dazu passen Salzkartoffeln und junges Gemüse.

Als in früheren Zeiten in vielen Haushalten noch eigenes Bier gebraut wurde – ein Privileg, das nur einheimischen Bürgern, nicht aber Zugereisten erteilt wurde –, würzte man Saucen und Suppen noch mit diesem Gebräu, denn importierte Gewürze waren knapp und entsprechend teuer. Braten, die in Selbstgebrautem geschmort werden, sind zart und feinwürzig. Daran hat sich nichts geändert, auch wenn das Bier heute nicht mehr aus eigener Produktion stammt.

PINKUS Alt

Ochsenschwanzsülze

1 Ochsenschwanz
20 g Butterschmalz
1¼ Liter Rinderbrühe
300 g geputztes und gewürfeltes Suppengrün
1 Lorbeerblatt
1 TL Senfkörner
5 Wacholderbeeren
Salz
weißer Pfeffer
5 EL Sherry-Essig
6 Blatt Gelatine
6 EL gegarte Karottenwürfel

Den Ochsenschwanz in nicht zu große Stücke schneiden, das Fett entfernen. Das Butterschmalz in einem Topf erhitzen und die Fleischstücke darin rundum anbraten. Mit der Brühe auffüllen und etwa 2½ Stunden kochen lassen, dabei mehrmals den Schaum abschöpfen. Etwa 30 Minuten vor Ende der Garzeit das Suppengrün, das Lorbeerblatt, die Senfkörner und die Wacholderbeeren dazugeben. Wenn der Ochsenschwanz gar ist, die Fleischstücke aus dem Sud nehmen. Den Sud durch ein feines Sieb passieren, mit Salz und Pfeffer abschmecken und den Sherry-Essig einrühren. Die nach Packungsvorschrift eingeweichte und ausgedrückte Gelatine in der heißen Flüssigkeit auflösen, alles gut verrühren. Das Fleisch von den Knochen lösen, in kleine Würfel schneiden, mit den Karottenwürfeln vermengen und in kleine Förmchen, z.B. Soufflé-Förmchen, füllen. Mit dem Sud bedecken und etwa 2 Stunden kalt stellen. Dazu passen Kartoffelpuffer und Salat der Saison.

Feine Sülzen haben in der deutschen Küche eine lange Tradition. Konnte doch so das Fleisch mit Gemüse gestreckt und in der Sülze für eine längere Zeit haltbar gemacht werden. Bei der Ochsenschwanzsülze wird das magere Endstück des Rindes verwendet, das der Sülze einen kräftigen, bodenständigen Fleischgeschmack verleiht.

Münsterländer Töttchen

750 g Kalbfleisch
1 Bund Suppengrün
2 Lorbeerblätter
1 Gewürznelke
1 Messerspitze gerebelter Thymian
8 Pfefferkörner
Salz
2 große Zwiebeln
20 g Butter
2 EL Mehl
150 ml trockener Weißwein
½ TL Weißweinessig
Zucker
1 EL mittelscharfer Senf

Tip:
Am besten verwendet man für dieses Gericht verschiedene Fleischstücke vom Kalb wie entbeinte Brust, Schulter und Hals.

Das Fleisch mit dem gewaschenen und geputzten Suppengrün, den Lorbeerblättern, der Nelke, dem Thymian, den Pfefferkörnern und etwas Salz etwa 1½ Stunden bei mittlerer Hitze in reichlich Wasser weich kochen.
Das Fleisch aus der Brühe nehmen und in kleine Würfel schneiden, die Brühe durch ein feines Sieb gießen.
Die Zwiebeln schälen, in Würfel schneiden und in der Butter goldgelb braten. Das Mehl darüberstäuben und leicht anbräunen lassen, mit dem Wein ablöschen. So viel von der Brühe dazugießen, daß eine dickliche Sauce entsteht. Die Sauce etwa 15 Minuten köcheln lassen, dann mit dem Essig, etwas Zucker und dem in 3 Eßlöffel Brühe verrührten Senf pikant und leicht säuerlich abschmecken. Die Fleischwürfel in die Sauce geben und einige Minuten darin erhitzen.
Dazu passen Roggenbrötchen, Bauernbrot oder Petersilienkartoffeln.

Es heißt, der Name „Töttchen“ sei eine Verballhornung des französischen Gerichtes „en tortue“, auf Schildkrötenart zubereitet, ein Überbleibsel aus der Besatzungszeit durch die Franzosen unter Napoleon I. Töttchen ist heute im gesamten westfälischen Raum bekannt und beliebt, die Zutaten und die Art des Würzens variieren von Region zu Region. Früher wurde Töttchen aus Kalbskopf mit Zunge sowie den Innereien wie Lunge und Herz zubereitet. Das Gericht muß traditionell eine leicht süßsaure Geschmacksnote haben.

Himmel und Erde

800 g Kartoffeln
Salz
40 g Butter
300 ml Milch
weißer Pfeffer
500 g säuerliche Äpfel
1 EL Zitronensaft
1 große Zwiebel
100 g durchwachsener Räucherspeck
30 g Butterschmalz
12 Scheiben Blutwurst
1 EL gehackte Majoranblätter

Tip:
Das Kartoffelpüree schmeckt noch würziger, wenn 2 Eßlöffel feingehackter Dill daruntergemischt werden.

Die Kartoffeln schälen, in Würfel schneiden und in Salzwasser etwa 20 Minuten garen, abgießen und zerstampfen. Die Butter und die lauwarme Milch unterrühren und mit wenig Salz und Pfeffer würzen. Die Äpfel schälen, das Kerngehäuse entfernen. Die Äpfel in dünne Scheiben schneiden und mit dem Zitronensaft beträufeln. Die Zwiebel schälen und in feine Scheiben, den Speck in Würfel schneiden.
20 g Butterschmalz in einer Pfanne erhitzen und den Speck darin knusprig braten, dann aus der Pfanne nehmen. Die Zwiebel und die Äpfel unter Wenden in dem Fett goldbraun braten.
Das restliche Butterschmalz in einer zweiten Pfanne erhitzen und die Blutwurstscheiben darin auf jeder Seite in etwa 1 Minute knusprig braten.
Das Kartoffelpüree auf vier vorgewärmten Tellern anrichten und die Apfel-Zwiebel-Mischung darauf verteilen. Die Blutwurst daneben anrichten. Mit den Speckwürfeln und dem gehackten Majoran bestreut heiß servieren.
Dazu paßt ein kühles Pils und danach ein Gläschen Korn oder Aquavit.

Ganz einfach in der Zubereitung ist dieses weit über die Grenzen Westfalens hinaus bekannte Gericht und es schmeckt „himmlisch“. Der Name, für den es mehrere Erklärungen gibt, soll nicht nur den Geschmack versinnbildlichen, sondern Himmel (Äpfel) und Erde (Kartoffeln, Zwiebeln) symbolisch verbinden.

Westfälischer Pfefferpotthast

1 kg magere Rinderbrust
600 g Zwiebeln
5 EL Schmalz
Salz
schwarzer Pfeffer
½ TL Kümmelsamen
1 Lorbeerblatt
1 Liter Fleischbrühe
50 g Semmelbrösel
1 TL abgeriebene Schale von 1 unbehandelten Zitrone
1 Messerspitze Zucker

Tip:
Noch würziger schmeckt der Eintopf, wenn zusätzlich Kapern hineingegeben werden.

Das Fleisch in mundgerechte Würfel schneiden. Die Zwiebeln schälen und in Scheiben schneiden. Das Schmalz in einem großen Topf erhitzen und das Fleisch unter häufigem Wenden darin anbraten. Die Zwiebelscheiben dazugeben und kurz mitbraten. Etwas Salz, Pfeffer, den Kümmel und das Lorbeerblatt hinzufügen. Mit der Fleischbrühe bedecken und 1½ bis 2 Stunden im geschlossenen Topf köcheln lassen, bis das Fleisch weich ist. Falls erforderlich, etwas Brühe nachgießen.
Wenn das Fleisch gar ist, die Semmelbrösel nach und nach einrühren und kurz mitkochen. Mit Zitronenschale und etwas Zucker abschmecken.

Den Pfefferpotthast mit Perlzwiebeln, Gürkchen und Salzkartoffeln servieren.

Im Winter, wenn die Arbeit auf dem Feld und im Stall ruhte, wenn die Schlachtzeit beendet und Scheunen und Keller wohlgefüllt waren, gönnten die Bauern ihrem Gesinde sonntags etwas ganz Feines – eines der ältesten, ländlichen Gerichte: den Pfefferpotthast. Deftig, gehaltvoll und besonders schmackhaft durch den früher teuren Pfeffer als Hauptgewürz. Für die Zubereitung hatte nahezu jede Hausfrau ihr ganz spezielles Rezept, das streng gehütet wurde.

Kalbssteak mit Münsterländer Ragout

150 g gekochte, gepökelte Ochsenzunge
150 g Hähnchenbrust
150 g Champignons
½ Liter Hühnerbrühe
4 EL trockener Weißwein
⅛ Liter süße Sahne
50 g gewürfelter Knochenschinken
2 EL Speisestärke
Salz
weißer Pfeffer
40 g Butter
4 Kalbssteaks aus der Oberschale à etwa 180 g

Tip:
Wer Zunge nicht mag, kann das Ragout auch mit gekochtem Schinken zubereiten. Durch einige Kapern wird das Gericht noch würziger.

Die Ochsenzunge und die Hähnchenbrust in feine Würfel schneiden. Die Champignons putzen und waschen, dann in Viertel, größere Pilze in Achtel schneiden.
Die Brühe aufkochen und die Fleischwürfel darin etwa 5 Minuten kochen. Die Champignons dazugeben und weitere 4 Minuten kochen. Den Weißwein, die süße Sahne und die Schinkenwürfel unterrühren und einige Minuten bei geringer Hitze köcheln lassen. Das Ragout mit der Speisestärke binden und mit Salz und Pfeffer feinwürzig abschmecken. Warm stellen.
Die Butter in einer Pfanne erhitzen und die leicht flachgedrückten Steaks darin nacheinander etwa 4 Minuten auf jeder Seite braten. Mit Salz und Pfeffer würzen und auf vorgewärmten Tellern, mit dem Ragout umlegt, anrichten.
Als Beilage passen kleine Kartoffelpuffer.

Die Stadtbewohner kamen in Westfalen früher zu Wohlstand als die Bevölkerung auf dem Land. Durch die Anwesenheit hoher und höchster Würdenträger wurden auch die Speisen raffinierter gestaltet, man ließ es sich wohl ergehen. Eines der gutbürgerlichen Zeugnisse früher städtischer Speisekultur ist das gebratene Kalbfleisch, auch damals schon begehrt und teuer, kombiniert mit einem Ragout aus feinsten Zutaten. Kein Essen für jeden Tag, für Feste aber umso begehrter.

Lippische Ananas

750 g Steckrüben
Salz
500 g gepökelte Schweinerippchen
2 Karotten
2 Zwiebeln
500 g Kartoffeln
1 Messerspitze Zucker
2 EL Fleischfond
½ Bund Petersilie

Die Steckrüben schälen, waschen, in Stifte schneiden und mit Salz bestreuen. Etwa 1 Stunde ziehen lassen, dann trockentupfen.
Die Rippchen etwa 40 Minuten in Wasser kochen, herausnehmen und abtropfen lassen. Die Rippchenbrühe durch ein feines Sieb passieren und beiseite stellen. Das Fleisch von den Knochen lösen und in Stücke schneiden. Die Karotten, die Zwiebeln und die Kartoffeln putzen oder schälen, waschen und in Würfel schneiden.
Alle Zutaten schichtweise in einen Topf füllen. Jede Schicht mit etwas Salz bestreuen. Etwa ⅛ Liter von der passierten Brühe darübergießen. Den Eintopf etwa 30 Minuten bei mittlerer Hitze garen, dann mit Salz, Zucker und dem Fleischfond abschmecken.
Die Petersilie hacken und darüberstreuen. Roggenbrötchen als Beilage dazu reichen.

Insbesondere ältere Menschen zucken bei der Erwähnung von Steckrüben innerlich zusammen. Zu sehr erinnern diese Hackfrüchte – auch als Kohlrüben, Wruken, Dorschen oder Dotschen bekannt – an die schlechte Zeit nach dem Krieg, als Rüben häufig die einzig erhältliche Nahrung waren. Wer lange Zeit tagaus, tagein nur Steckrüben zu essen bekam, wird die gesunde, schmackhafte Rübe kaum als kulinarischen Leckerbissen schätzen. Unter dem Pseudonym „Lippische Ananas" vermag sie aber mit diesem Rezept auch Skeptiker zu überzeugen.

Knochenschinken auf Reibekuchen

1 kg Kartoffeln
2 Zwiebeln
Salz
weißer Pfeffer
1 Messerspitze abgeriebene Muskatnuß
4 Eier
3 EL Haferflocken
300 g Knochenschinken
4 EL Pflanzenöl
200 ml Schmand

Tip:
Anstelle von Schmand kann auch saure Sahne verwendet werden. Den Schmand kann man zusätzlich nach Geschmack würzen oder Kräuter wie gehackte Petersilie oder Schnittlauchröllchen unterrühren.

Die Kartoffeln und die Zwiebeln schälen, fein reiben und die Masse durch ein Tuch leicht ausdrücken. Mit Salz, Pfeffer, Muskat, den Eiern und den Haferflocken zu einem glatten Teig verrühren. Den Schinken in schmale Streifen schneiden.
Das Öl in einer Pfanne erhitzen und vier Reibekuchen goldbraun ausbacken.
Die Reibekuchen auf vorgewärmten Tellern anrichten, den Schmand und die Schinkenstreifen darauf verteilen. Als Beilage paßt ein knackiger grüner Salat.

Bei diesem Gericht „vermählen“ sich gleich drei regionale Spezialitäten zu einem Gaumenschmaus: der berühmte westfälische Knochenschinken (immer eine Delikatesse), die landauf, landab geschätzten Reibekuchen aus Kartoffeln und der leckere Schmand. Je nach Größe der Portionen ist dieses Gericht eine schmackhafte Vorspeise, eine herzhafte Zwischenmahlzeit oder eine bodenständig-raffinierte Hauptmahlzeit.

Rotwurstgeröstel auf Schnippelbohnen

Deftig wurde und wird traditionellerweise in Westfalen gegessen. Nicht zuletzt weil die Menschen überwiegend schwer arbeiten mußten, um ihr Auskommen zu sichern. Die Bohnen wurden im eigenen Garten gezogen, die Rotwurst stammte vom selbst gemästeten Hausschwein. Aus diesen Zutaten ein schmackhaftes Mahl zu bereiten, das gelang dem Erfindungsgeist westfälischer Hausfrauen.

600 g Stangenbohnen
Salz
500 g Rotwurst
1 EL Mehl
2 große Zwiebeln
80 g Speckwürfel

Tip:
Anstelle der Rotwurst kann auch Zungenrotwurst verwendet werden. Beim Braten darauf achten, daß die Würfel nicht zu hart werden.

Die Bohnen waschen, putzen, in Stücke schneiden und in Salzwasser etwa 40 Minuten kochen, dann abkühlen lassen. Die Rotwurst in Würfel schneiden, mit dem Mehl bestäuben und in einer Pfanne unter Wenden kroß anbraten.
Die Zwiebeln schälen und in Würfel schneiden, zusammen mit dem Speck in einem Topf anschwitzen. Die Bohnen dazugeben und mit erhitzen.
Die Bohnen auf vier Teller verteilen und mit dem Rotwurstgeröstel bedecken.
Dazu Bratkartoffeln als Beilage reichen.

Münster i/w.

Leineweber-Pannekoken

125 g Mehl
4 Eier
¼ Liter Milch
Salz
weißer Pfeffer
1 Messerspitze abgeriebene Muskatnuß
750 g gekochte Pellkartoffeln
3 kleine Zwiebeln
30 g Butterschmalz
2 EL gehackte Petersilie

Tip:
Anstelle der Petersilie schmeckt auch frische Kresse.

Das Mehl mit den Eiern und der Milch gut verrühren. Mit Salz, Pfeffer und etwas Muskat würzen. Den Teig etwa 20 Minuten ruhen lassen, dann nochmals kräftig durchrühren.
Die Kartoffeln schälen und in dünne Scheiben schneiden. Die Zwiebeln schälen und in Ringe schneiden. Das Butterschmalz in einer Pfanne erhitzen und die Kartoffeln und die Zwiebeln darin anbraten, dann leicht salzen.
Die Kartoffelmenge in vier Portionen teilen. Jeweils eine Portion in eine Pfanne geben, ein Viertel des Eierkuchenteigs darauf häufen und stocken lassen. Vorsichtig wenden und fertigbacken.
Die Leineweber-Pannekoken auf vorgewärmte Teller geben und mit der gehackten Petersilie bestreuen. Heiß servieren.
Dazu paßt Kopfsalat.

Wenn man der Legende Glauben schenken will, so erfand eine arme Leinewebersfrau aus Bielefeld dieses Pfannkuchengericht. Weil ihr andere Zutaten in ausreichender Menge fehlten, nahm sie Kartoffeln, um das Gericht zu strecken. Und schon bald wurde diese aus der Not geborene Speise so beliebt, daß sie in ganz Westfalen Freunde fand.

Bookweeten-Pannekoken

500 g Buchweizenmehl
1/4 Liter kalter Bohnenkaffee mit Satz
1/4 Liter Milch
4 Eier
Salz
200 g gewürfelter Räucherspeck
2 EL Schweineschmalz
Rübensirup zum Servieren

Tip:
Anstatt der Speckwürfel können auch gehackte Korinthen, Datteln oder Preiselbeeren unter den Teig gemischt werden.

Das Mehl mit dem Kaffee, dem Kaffeesatz, der Milch, den Eiern und etwas Salz zu einem glatten Teig verrühren. Den Teig zugedeckt etwa 2 Stunden ruhen lassen.
Den Speck portionsweise in einer Pfanne mit etwas Schmalz anbraten, dann jeweils mit einer Portion Teig übergießen. Die Pfannkuchen bei nicht zu starker Hitze goldbraun braten, die fertigen Pfannkuchen warm stellen.
Zu den Pannekoken wird Rübensirup gereicht.

Buchweizen, auch als einfache Grütze zubereitet, bildete früher den Hauptbestandteil vieler Mahlzeiten. Große Grützekessel hingen über den Feuerstellen und dampften vor sich hin, bis die Mahlzeit die richtige Konsistenz hatte. Dann wurde die Grütze mit ein wenig Bier, Buttermilch oder Sahne verrührt. Der Buchweizenpfannkuchen mit Speck erhält seine besondere Würze durch die Zugabe von Kaffee. Ein Rezept aus dem nördlichen Westfalen, das früher zu den Sonntagsspeisen gehörte.

Grünkohl mit Kochwurst

750 g geputzter Grünkohl
Salz
50 g Schweineschmalz
2 Zwiebeln
¼ Liter kräftige Fleischbrühe
250 g durchwachsener Räucherspeck
1 große rohe Kartoffel
weißer Pfeffer
1 Messerspitze abgeriebene Muskatnuß
4 kleine Schinkenmettwürste

Tip:
Anstelle der Mettwürste können auch einige Scheiben Kasseler Koteletts verwendet werden.

Den Grünkohl waschen, trockenschwenken, die Rippen entfernen und in kochendem Salzwasser blanchieren. Abtropfen lassen und nicht zu fein hacken.
Das Schmalz in einem großen Topf erhitzen. Die Zwiebeln schälen, hacken und in dem Schmalz anrösten. Den Kohl dazugeben und einige Minuten unter Wenden anschmoren. Salzen, die Brühe angießen und den Speck dazugeben. Zugedeckt bei mittlerer Hitze etwa 40 Minuten garen. Nach etwa 20 Minuten Garzeit die geschälte Kartoffel an den Kohl reiben.
Den Speck herausnehmen und warm stellen. Den Kohl mit Salz, Pfeffer und Muskat abschmecken. Die Mettwürste auf den Kohl in den Topf legen und in etwa 15 Minuten heiß werden lassen. Den Speck in Scheiben schneiden und den Grünkohl, mit den Speckscheiben belegt, servieren. Dazu passen Salz- oder Bratkartoffeln.

Grünkohl, wegen seiner Wuchsform auch häufig als „Palme des Nordens“ bezeichnet, ist in allen nördlichen Ländern Deutschlands beliebt und wird in zahlreichen Variationen, meist mit unterschiedlichen Beilagen, häufig und gern gegessen. Nach dem ersten Frost baut der Kohl seine Bitterstoffe ab und entfaltet sein volles Aroma. Damit das Kohlgericht besser „rutscht“, wird dazu gerne Bier mit den passenden „Körnern“, also Kornbranntwein, getrunken.

Urquell
ALLEINIGER HERSTELLER
H·C·König

Pannekoken met Pillewörmern

4 Eier
250 g Mehl
¼ Liter Milch
etwas Mineralwasser mit Kohlensäure
12 dünne Scheiben Knochenschinken
40 g Butter

Die Eier in einer Schüssel verquirlen und das Mehl einrühren. Mit der Milch und etwas Mineralwasser zu einem flüssigen Teig verrühren. Den Teig etwa 20 Minuten quellen lassen. Den Schinken in schmale Streifen schneiden und in einer Pfanne in der Butter kurz anbraten.
Jeweils ein Viertel der Schinkenstreifen in einer Pfanne mit einem Viertel des Teigs übergießen und goldgelb backen. Auf vorgewärmten Tellern möglichst heiß servieren.
Dazu paßt ein frischer Salat der Saison.

Im Münsteraner Platt werden die Regenwürmer „Pillewörmer" genannt. Und damit wollte das Münsteraner Original, Baron Alfred von Renesse, die Wirtin des heute noch existierenden Lokals „Pinkus Müller" herausfordern. Er bestellte „Pannekoken met Pillewörmern", also Pfannkuchen mit Regenwürmern. Aber die Wirtin war nicht auf den Kopf gefallen und nahm die Herausforderung stillschweigend an. Sie schnitt den Schinken in schmale, regenwürmerähnliche Streifen, briet sie kurz ab und backte sie in die Pfannkuchen ein. Zur Belustigung der anwesenden Gäste wurde das Mahl serviert und gleichzeitig ein neues Gericht mit reichlich Bier und Korn gefeiert. Im Gasthaus „Pinkus Müller" in Münster wird diese Spezialität noch heute unter dem Namen „Pannekoken met Pillewörmern nach Baron von Renesse" serviert. Traditionelle Gemütlichkeit, das berühmte Altbier und leckere heimische Kost machen diese Kneipe zu einem beliebten Treffpunkt.

ORIGINAL
PÍNKU

Dicke-Bohnen-Auflauf

70 g Butter
100 g magerer Räucherspeck
2 Frühlingszwiebeln mit Grün
1 Knoblauchzehe
½ Liter süße Sahne
einige Zweige Bohnenkraut und Thymian
Salz
400 g ausgepalte dicke Bohnenkerne
weißer Pfeffer
100 g Pumpernickel
50 g geriebener Parmesan

50 g Butter in einem Topf zerlassen. Den Speck in kleine Würfel schneiden und in der Butter anbräunen. Die Frühlingszwiebeln mit Grün fein hacken und mit der zerdrückten Knoblauchzehe dazugeben. Mit ¼ Liter süßer Sahne ablöschen, die Gewürzzweige dazugeben. Die Flüssigkeit bis zur Hälfte einkochen lassen, dann das Bohnenkraut und den Thymian herausnehmen. Die Sauce erkalten lassen.

Die restliche süße Sahne mit 1 Messerspitze Salz steif schlagen und unter die Sauce heben. Die Bohnen 30 Minuten in kochendem Salzwasser garen, mit kaltem Wasser abschrecken, dann abtropfen lassen.

Eine feuerfeste Auflaufform mit der restlichen Butter ausstreichen. Die Bohnen einfüllen, mit etwas Salz und Pfeffer bestreuen und mit der Sahnesauce übergießen. Den Pumpernickel fein zerbröseln und mit dem Parmesan über den Auflauf streuen.

Im Backofen bei 220 °C etwa 10 Minuten überbacken, bis die Sahne eine goldbraune Färbung angenommen hat.

Dazu paßt ein frischer Salat.

Man könnte meinen, daß ein Gericht mit den so häufig verwendeten Dicken Bohnen ganz einfach zu kochen wäre. Aber bereits die westfälische Topfguckerin Henriette Davidis, deren Kochbücher unzählige Hausfrauen bei der täglichen Routine unterstützten, wußte, daß dies nicht der Fall ist. Sie schrieb: „In Fällen, wo man die Bohnen besonders weiß zu haben wünscht, gieße man beim Abkochen reichlich frische Milch hinzu. Tut man sie in Wasser, bevor es vollständig kocht, oder ist das Feuer zu schwach, als daß sie wieder rasch zum Kochen kommen, so bleiben sie hart und würden sie noch so lange gekocht. Dasselbe ist der Fall, wenn man sie in glasierten Töpfen kocht.“ Heute werden die Bohnen in noch nicht vollständig reifem Zustand verwendet, wenn sie noch etwas grün sind, dann schmecken sie zarter.

Spargelplatte mit Kasseler-Ragout

2 kg frischer Spargel
500 g ausgelöster Kasseler Rippenspeer
2 mittelgroße Zwiebeln
250 g frische Champignons
Salz
Zucker
20 g Butter
100 ml süße Sahne
100 ml Vollmilch
30 g Mehl
frisch gemahlener weißer Pfeffer
2 EL Zitronensaft
½ Bund Petersilie

Tip:
Das Ragout läßt sich auch gut mit Geflügelfleisch oder gekochtem Schinken zubereiten. Es können auch kleine Pasteten mit Ragout gefüllt und anstelle von Reibekuchen gereicht werden.

Den Spargel waschen, schälen und die Enden abschneiden. Die Schalen und Abschnitte in etwa 2 Liter Wasser 10 Minuten kochen lassen.
Das Fleisch abspülen, trockentupfen und in kleine Würfel schneiden. Die Zwiebeln schälen und fein hacken. Die Champignons putzen, waschen und in dünne Scheiben schneiden. Die Spargelschalen durch ein Sieb abgießen, den Sud auffangen. Etwa ¼ Liter davon abmessen und beiseite stellen. Den restlichen Sud mit etwas Salz und Zucker aufkochen und darin den gebündelten Spargel bei mittlerer Hitze etwa 18 Minuten gar kochen.
Die Butter in einer Pfanne erhitzen, die gehackten Zwiebeln, die Fleischwürfel und die Champignonscheiben darin andünsten, das abgemessene Spargelwasser angießen und die süße Sahne einrühren. Bei geringer Hitze etwa 9 bis 10 Minuten köcheln lassen. Den fertigen Spargel aus dem Sud heben, abtropfen lassen und warm stellen. Knapp ¼ Liter des Spargelwassers zu dem Ragout geben und alles aufkochen. Milch und Mehl miteinander verrühren, unter Rühren zu dem Ragout geben und etwa 2 bis 3 Minuten köcheln lassen. Mit Pfeffer, Zitronensaft und Salz feinwürzig abschmecken. Die Petersilie waschen.
Den Spargel auf einer großen, vorgewärmten Platte anrichten, mit dem Ragout umlegen und mit Petersilie dekorieren. Dazu kleine Reibekuchen (siehe Rezept S. 92) reichen.

Ragouts haben in der Regionalküche eine lange Tradition. Nicht zuletzt weil das gerade Vorhandene für schmackhafte Gerichte verwendet werden konnte. Die Kombination von würzigem Kasselerfleisch mit dem zarten Spargel wird auch Feinschmecker begeistern.

naturtrüb
und ungefiltert
Brauerei Pinkus Müller

Schweinefleisch Schwarzsauer

600 g Schweinebrust
Salz
2 Lorbeerblätter
10 Pfefferkörner
1 Messerspitze gemahlener Piment
¼ Liter frisches Schweineblut
einige EL Weißweinessig
schwarzer Pfeffer

Tip:
Das Schweineblut kann durch frische Blutwurst ersetzt werden, die aus der Pelle gedrückt, fein gehackt und mitgekocht wird.

Variation:
Die Suppe kann auch als Weißsauer, also ohne Zugabe von Schweineblut, gekocht werden.

Das Fleisch in mundgerechte Stücke schneiden und mit etwas Salz, den Lorbeerblättern, den Pfefferkörnern und dem Piment in wenig Wasser etwa 1 Stunde weich kochen. Das Fleisch aus der Brühe nehmen und beiseite stellen. Die Brühe durch ein feines Sieb passieren und abkühlen lassen.
Das Schweineblut in die abgekühlte Brühe rühren und mit etwas Essig leicht säuerlich abschmecken. Die Fleischstücke wieder in die Suppe geben und diese erneut mit Salz, Pfeffer und etwas Piment abschmecken. Das Ganze nochmals aufkochen und einige Minuten brodelnd kochen lassen.
Salzkartoffeln oder Brot als Beilage dazu servieren.

Wenn der erste Frost eingesetzt hatte, wurde auf dem Lande das gemästete Vieh, vor allem die Schweine, geschlachtet. Das frische Blut wurde aufgefangen, mit etwas Essig verrührt, damit es nicht stockte, und dann zu dem traditionellen Schwarzsauer und natürlich zu Blutwurst verarbeitet. Während der Schlachter und die Hausfrauen noch eifrig werkelten, die Wurstbrühe in großen Kesseln brodelte und ein herrlicher Duft durch das ganze Haus zog, genehmigte sich der Hausherr einen kräftigen Klaren – einen Schnaps. Daß der Schlachter seinen gerechten Anteil vom Schnaps erhielt, versteht sich, denn ohne „flüssige Zutaten" konnte die Wurst einfach nicht gelingen...

für SchinkenHäger
dreifach gebrannt
Häger.
38%vol

Herzhaft und deftig

SCHLACHTPLATTE
300 g Kesselfleisch
4 kleine Leberwürste
4 kleine Blutwürste
4 kleine Bratwürste
200 g frischer gekochter Bauchspeck
reichlich Wurst- oder Fleischbrühe
200 g gekochtes Kopffleisch
600 g gekochtes Sauerkraut

Tip:
Eine Schlachtplatte kann auch mit Mettwürstchen, gepökelten Rippchen, Räucherspeckscheiben, Eisbein und anderem mehr zubereitet werden. Als Beilage schmeckt auch Pumpernickel mit Butter.

SCHWEINSHAXEN MIT SPECK UND THYMIAN
4 Schweinshaxen
Salz
125 g Speckwürfel
2 kleine Zwiebeln
2 EL Mehl
½ Liter Fleischbrühe
1 EL gehackter Thymian

SCHLACHTPLATTE (unten)
Das Fleisch und die Würste in Wurstbrühe oder Fleischbrühe in etwa 15 Minuten gar ziehen lassen. Das Sauerkraut erhitzen, auf einer großen Platte anrichten und mit den Würsten und den in Portionen geschnittenen Fleischstücken belegen und heiß servieren.
Dazu Pellkartoffeln, Bier und eiskalten Korn reichen.

Das Schlachtfest, für viele ein kulinarischer Höhepunkt des Jahres, hat nichts von seinem Reiz verloren. Die obligate Schlachtplatte ist deftig und nicht gerade leicht verdaulich. So gehört es auch folgerichtig zur Tradition, den herzhaften Schmaus mit reichlich Bier und Korn zu zelebrieren. Da heute Hausschlachtungen eher die Ausnahme als die Regel sind, werden zünftige Schlachtplatten von Fleischereien und Gaststätten angeboten, die sich bei diesen Gelegenheiten besonderen Zulaufs erfreuen.

SCHWEINSHAXEN MIT SPECK UND THYMIAN (oben)
Die Schweinshaxen in Salzwasser etwa 1 Stunde sehr weich kochen, abkühlen lassen und der Länge nach durchschneiden, die Knochen entfernen.
Die Speckwürfel in einem Topf goldbraun braten. Die Zwiebeln schälen und würfeln, dazugeben und glasig dünsten. Das Mehl darüberstreuen, leicht anrösten und mit der Brühe ablöschen. Mit fein gehacktem Thymian und Salz abschmecken. Die halbierten Haxen in die Sauce legen und etwa 30 Minuten köcheln lassen. Dazu passen Salzkartoffeln.

Für viele sind Schweinshaxen, ob gekocht, geschmort oder gebraten, der Inbegriff einer guten Mahlzeit. Andere hingegen lehnen die zarten Haxen ab, ohne sie je probiert zu haben. Ein traditionelles Gericht, einfach und fein zubereitet, sind gekochte Haxen, die durch den Thymian eine besondere Note erhalten.

Gefüllte Lammbrust mit Sauerampfersauce

Für 6 Personen

1 kg Lammbrust (ohne Knochen)
Salz
Pfeffer
1 altbackenes Brötchen
250 g Lammfleisch aus der Keule
1 Schalotte
200 ml süße Sahne
1 Eigelb
500 g gehackte Lammknochen
1 Zwiebel
1 Bund Suppengrün (Porree, Sellerie, Karotte)
1 Bund Sauerampfer
1 Lorbeerblatt
5 Wacholderbeeren
2 Gewürznelken
einige Pfefferkörner
150 g Crème fraîche
20 g Butter

In die Lammbrust seitlich eine tiefe Tasche schneiden, innen und außen mit Salz und Pfeffer einreiben. Das Brötchen in Wasser einweichen. Das Lammfleisch aus der Keule in grobe Würfel schneiden und durch die feine Scheibe eines Fleischwolfs drehen. Die Schalotte schälen und fein würfeln. Die Masse mit der süßen Sahne, dem Eigelb, der Schalotte und dem ausgepreßten und zerzupften Brötchen gut verkneten. Den Fleischteig in die Tasche der Lammbrust füllen, gleichmäßig verteilen und die Öffnung mit Küchengarn zunähen.

300 ml Wasser in einen Bräter gießen, die Lammbrust und die Knochen hineinlegen und im Backofen etwa 1½ Stunden bei 150 °C garen, dabei häufig mit dem Bratensaft übergießen. Nach 1 Stunde Garzeit die Temperatur auf 180 °C erhöhen, um das Fleisch zu bräunen. Anschließend das Fleisch aus dem Bräter nehmen, die Fäden entfernen und die Lammbrust warm stellen.

Den Bratenfond durch ein Sieb in einen Topf passieren. Die Zwiebel schälen, das Suppengrün und den Sauerampfer waschen und putzen, alles grob hacken und mit dem Lorbeerblatt, den zerstoßenen Wacholderbeeren, den Nelken und den Pfefferkörnern bei geringer Hitze in dem Fond etwa 30 Minuten köcheln lassen. Das Lorbeerblatt und die Nelken entfernen, die Sauce durch ein Sieb passieren und die Crème fraîche einrühren. Das Gemüse mit der Butter verrühren.

Die Lammbrust aufschneiden, auf eine vorgewärmte Platte geben, die Sauce darübergießen und mit dem Gemüse umlegen. Dazu passen gebutterte Kartöffelchen.

Als Schafe noch hauptsächlich wegen ihrer Wolle gehalten wurden, kam bestenfalls ein alter, ausgedienter Hammel zubereitet auf den Tisch, der zum herrschenden Vorurteil gegenüber dem Fleisch dieser Tiere beitrug. Das hat sich gründlich geändert. Heute werden Schafe gehalten, die zartes und schmackhaftes Fleisch liefern. In der Kombination mit frischen Kräutern wird der Wohlgeschmack der zarten Lammbrust dezent unterstrichen.

Soester Kräuter-Lammkeule

700 g entbeinte Lammkeule
Salz
schwarzer Pfeffer
je ¼ TL Rosmarin, Thymian, Majoran
4 Wacholderbeeren
1 EL Pflanzenöl
400 g vollreife Tomaten
100 g Zwiebeln
400 ml Wildfond
½ Kopf Wirsing (500 g)

Tip:
Als Variation etwas frisch gehackten Rosmarin und Thymian oder Rotwein in die Sauce rühren.

Die Lammkeule innen und außen mit Salz, Pfeffer, Rosmarin, Thymian, Majoran und den zerdrückten Wacholderbeeren kräftig einreiben, dann mit Küchengarn zusammenbinden.
Das Öl in einem großen Bräter erhitzen und die Keule darin rundherum braun anbraten.
Die Tomaten waschen und in Achtel schneiden, die Zwiebeln schälen und vierteln, beides zu dem Fleisch geben und kurz mitdünsten.
Ein Viertel des Wildfonds angießen und alles zugedeckt bei mittlerer Hitze 60 bis 80 Minuten schmoren lassen. Den Braten zwischendurch wenden und mit Bratensaft übergießen. Nach und nach den restlichen Wildfond dazugeben.
Den Wirsing waschen und putzen, den Strunk entfernen und in Achtel schneiden. In jedes Achtel ein Holzstäbchen stecken, damit die Stücke nicht auseinanderfallen. Etwa 20 Minuten vor Ende der Garzeit die Wirsingstücke in den Bräter geben und mitgaren, sie sollen aber knackig bleiben.
Die fertige Lammkeule und den Wirsing aus dem Bräter nehmen und warm stellen. Den Bratensatz mit etwas Wasser aufkochen und durch ein Sieb streichen. Bei geringer Hitze zu einer sämigen Sauce einkochen.
Das Fleisch in Scheiben schneiden und auf einer vorgewärmten Platte mit der Sauce übergießen, den Wirsing daneben garnieren.
Dazu passen Reis oder Petersilienkartoffeln.

Schafe wurden in der Soester Region bereits vor Jahrhunderten in großer Zahl gehalten. Doch erst seitdem die „Mehrzweckschafe" durch die Fleischschafe verdrängt wurden, die einen noch feineren Braten liefern, findet man Lamm häufiger auf westfälischen Speiseplänen. Das zeigen auch die Speisekarten der zahlreichen gemütlichen und traditionsreichen Gasthäuser, die heimische Kost anbieten.

WILDSCHWEINKOTELETTS MIT WALDPILZEN

4 Wildschweinkoteletts à etwa 150 g
20 g Schweineschmalz
50 g Butter
je 1 EL gehackter Majoran, Rosmarin und Thymian
Salz
schwarzer Pfeffer
3 Schalotten
400 g frische Waldpilze nach Wahl
100 g Crème fraîche
250 ml süße Sahne
1 EL gehackter Kerbel
4 EL Maronenpüree

Tip:
Als Variation die Koteletts kurz anbraten und dann mit den Pilzen und den Gewürzen in der Sahnesauce gar ziehen lassen.

Die Wildschweinkoteletts in dem heißen Schmalz in einer Pfanne von beiden Seiten anbraten. Das Fett abgießen, 20 g Butter und die gehackten Kräuter dazugeben. Bei geringer Hitze weitere 2 bis 3 Minuten pro Seite braten. Die Koteletts herausnehmen, mit Salz und Pfeffer würzen und warm stellen. Den Bratensatz beiseite stellen.
Die Schalotten schälen und grob hacken. Die restliche Butter in einer weiteren Pfanne erhitzen und die Schalotten darin glasig dünsten. Die Pilze putzen, waschen und zerkleinern, dann dazugeben. Mit Salz und Pfeffer würzen und unter mehrfachem Wenden garen. Die Crème fraîche, die süße Sahne und den Kerbel unterrühren und kurz aufkochen. Den Bratensatz der Koteletts dazugeben, verrühren und die Sauce nochmals abschmecken.
Die Pilze auf vorgewärmten Tellern anrichten. Die Koteletts daraufsetzen und jeweils mit etwas erwärmtem Maronenpüree garnieren.
Dazu passen Mandelkartoffelbällchen und Preiselbeerkompott.

Früher, als die Jagd nur den hochwohlgeborenen Herren vorbehalten war, gab es weder auf dem Land noch in den bürgerlichen Städtehaushalten Wildgerichte in nennenswerter Zahl. Heute ist Wild zwar noch immer keine Alltagskost, aber dennoch für nahezu jedermann erschwinglich. Es ist in der Kombination mit Pilzen aus den westfälischen Wäldern ein Hochgenuß, den man sich nicht entgehen lassen sollte.

Rehrücken in Pumpernickelkruste

3 Schalotten
100 g Butter
100 g Pumpernickel
5 EL Semmelbrösel
1 TL Waldhonig
1 Messerspitze gemahlener Zimt
Salz
schwarzer Pfeffer
500 g ausgelöster, küchenfertiger Rehrücken
½ Liter Wildfond
100 g Zucker
100 ml trockener Weißwein
2 säuerliche Äpfel
4 Karotten

Tip:
Als Variation die geschälten Äpfel in Scheiben schneiden und das Kerngehäuse ausstechen. In einer Mischung aus 2 cl Calvados, 1 TL Zitronensaft, 1 TL Heidehonig und 100 ml Wasser kurz aufkochen, einige Minuten ziehen lassen. Mit Waldpreiselbeeren anrichten.

Die Schalotten schälen und in feine Würfel schneiden, in wenig Butter in einer Pfanne glasig dünsten. Anschließend die restliche Butter dazugeben. Den Pumpernickel ganz fein zerdrücken und zu den Schalotten geben. Mit Honig, Zimt, Salz und Pfeffer feinwürzig abschmecken, dann vom Herd nehmen.
Den Rehrücken abspülen und trockentupfen. Mit Salz und Pfeffer würzen, in einen Bräter geben und mit der Pumpernickelmasse bestreichen. Die Hälfte des Wildfonds angießen. Zugedeckt im Backofen bei 180 °C etwa 40 Minuten garen. Hin und wieder vorsichtig mit etwas Bratensaft beträufeln. Den fertigen Rehrücken herausnehmen und warm stellen.
Den Zucker mit dem Wein verrühren und etwa 10 Minuten bei geringer Hitze einkochen lassen, bis die Flüssigkeit dicklich ist.
Die Äpfel schälen und das Kerngehäuse entfernen, die Karotten waschen und putzen, beides in dünne Scheiben schneiden. Die Apfel- und Karottenscheiben in der Zuckerlösung etwa 7 Minuten ziehen lassen, dann herausnehmen.
Den Rehrücken in Scheiben schneiden und auf Tellern anrichten. Mit etwas Bratensaft umgießen. Die Apfel- und Karottenscheiben auf die Fleischstücke legen.
Dazu passen Kartoffelkroketten.

Heimisches Wild in guter Qualität ist in der Jagdsaison im ganzen westfälischen Raum erhältlich. Zu den begehrtesten Stücken gehört der zarte Rehrücken, der daher auch etwas teurer ist. Die Pumpernickelkruste unterstreicht die geschmackliche Note des Wildfleisches aufs trefflichste. Dieses Rezept ist übrigens eine modernisierte Variante eines alten Klosterrezeptes aus Paderborn.

Damhirschragout mit Birnenkompott

1 kg Hirschfleisch aus der Schulter
12 entsteinte Backpflaumen
100 ml Weinbrand

Für die Marinade:
¾ Liter Rotwein
100 ml Rotweinessig
4 Wacholderbeeren
1 Lorbeerblatt
1 Messerspitze gemahlene Nelken

Für das Birnenkompott:
1 kg vollreife Williamsbirnen
300 ml trockener Weißwein
70 g Zucker
1 Vanilleschote

3 EL Pflanzenöl
300 g Suppengrün
1 EL Tomatenmark
1 EL Wildfond
3 EL Preiselbeerkompott
100 g Pumpernickelbrösel
Salz
Pfeffer
nach Wunsch etwas Speisestärke

Das Hirschfleisch abspülen, trockentupfen und in mundgerechte Würfel schneiden. Die Backpflaumen in dem Weinbrand einlegen.
Für die Marinade: Den Rotwein mit dem Essig, den zerdrückten Wacholderbeeren, dem Lorbeerblatt und dem Nelkenpulver vermischen. Die Fleischwürfel darin zugedeckt etwa 24 Stunden ziehen lassen.
Für das Birnenkompott: Die Birnen schälen, das Kerngehäuse entfernen, die Birnen in Würfel schneiden und in dem Weißwein zusammen mit dem Zucker und der aufgeschlitzten Vanilleschote aufkochen, einige Minuten kochen lassen. Die Vanilleschote herausnehmen, alles mit dem Mixstab kurz durchrühren und kalt stellen.
Das Öl in einem Schmortopf erhitzen und das marinierte Fleisch darin rundherum anbraten. Das Suppengrün waschen, putzen, grob zerkleinern und mit anrösten. Tomatenmark und Wildfond dazugeben und bei mittlerer Hitze etwa 40 Minuten garen. Die Marinade durch ein Sieb nach und nach dazugeben. Etwa 10 Minuten vor Ende der Garzeit die Backpflaumen ohne Flüssigkeit mitkochen.
Wenn fertig, Fleisch und Backpflaumen herausnehmen. Die Preiselbeeren und die Pumpernickelbrösel in die Sauce rühren und einige Minuten köcheln lassen, dann durch ein Sieb passieren. Mit Salz und Pfeffer abschmecken und das Fleisch mit den Backpflaumen wieder in die Sauce geben. Nach Wunsch die Sauce mit etwas Speisestärke binden.
Das Ragout in einer vorgewärmten Schüssel servieren, das Birnenkompott getrennt dazu reichen. Dazu passen Nudeln, Butterkartoffeln oder Kartoffelklöße.

Die Jagdherren vergangener Zeiten machten auch fremde Wildarten in Westfalen heimisch. Dazu gehört auch das Damwild. Für den Genießer in unseren Tagen bedeutet dieser historische Schritt noch mehr Abwechslung auf dem Speisezettel. Damwild wird heute teilweise bereits unter landwirtschaftlichen Bedingungen in Gehegen herangezogen und ist nahezu ganzjährig erhältlich. Die raffinierte Kombination mit heimischen Früchten macht dieses Ragout besonders bekömmlich.

Hasenkeulen in Bier-Senf-Sauce

4 küchenfertige Hasenkeulen à etwa 220 g
Salz
schwarzer Pfeffer
4 EL Mehl
4 EL Pflanzenöl
150 g Suppengrün
400 ml helles Bier
200 ml süße Sahne
1 TL Speisestärke
2 EL mittelscharfer Senf
100 g Butter
Zucker
1 kleiner Bund Schnittlauch
1 TL Senfkörner

Tip:
Die Hasenkeulen können vor der Zubereitung auch mariniert werden. Dazu 1 Zwiebel grob hacken und mit 1 zerbröselten Lorbeerblatt, 5 zerdrückten Wacholderbeeren und mit 3/4 Liter Rotwein vermischen. Die Keulen etwa 24 Stunden in der Marinade ziehen lassen. Etwas von der Marinade dann auch zum Schmoren mit verwenden.

Die vorbereiteten Hasenkeulen abspülen, trockentupfen und mit Salz und Pfeffer einreiben. In Mehl wenden und in einem Bräter in dem heißen Öl von beiden Seiten kräftig anbraten. Das Suppengrün waschen und putzen, in Würfel schneiden, zu den Keulen geben und kurz mit andünsten. Mit dem Bier und der süßen Sahne ablöschen. Zugedeckt im Backofen bei 220 °C etwa 30 bis 40 Minuten garen. Die fertigen Keulen aus dem Bräter nehmen und warm stellen. Den Bratenfond durch ein Sieb in einen kleinen Topf passieren und mit etwas Speisestärke binden. Den Senf hinzufügen und die Butter nach und nach in kleinen Flocken mit einem Schneebesen in die Sauce rühren. Mit Salz, Pfeffer und etwas Zucker abschmecken. Den Schnittlauch waschen und in Röllchen schneiden.
Die Hasenkeulen auf eine vorgewärmte Platte legen und mit der Sauce übergießen. Mit den Senfkörnern und Schnittlauchröllchen bestreut servieren.
Dazu passen grüne Bandnudeln oder Mandelkroketten.

Im Herbst, wenn sich der erste Frost ankündigt, wird auf Wiesen und Äckern Jagd auf Hasen und Feldkaninchen gemacht. Diese finden ihren Weg dann schnell in die Kochtöpfe und sorgen für lukullische Freuden, nicht nur bei den Jägern. Bedingt durch die intensive Landwirtschaft ist der Bestand an Hasen auch in Westfalen rückläufig, denn die Tiere finden keinen ausreichenden Lebensraum mehr. Dennoch kommen alljährlich beträchtliche Stückzahlen des delikaten Niederwildes auf den Markt. Hasenkeulen sind begehrt und werden auf vielfältigste Weise zubereitet. Das Schmoren in Bier-Senf-Sauce ist eine traditionelle, schmackhafte Variante.

Wildkaninchen mit Würzreis

4 kleine Artischocken
1 EL Essig
Salz
1 küchenfertiges Wildkaninchen
6 EL Sonnenblumenöl
1 Zwiebel
2 Tomaten
1 Knoblauchzehe
1 Liter Fleischbrühe
200 g Tiefkühl-Erbsen
250 g Langkornreis
1 Messerspitze Safranpulver
2 EL gehackte Petersilie

Von den Artischocken die harten Blattspitzen sorgfältig abschneiden, halbieren und das Heu entfernen. Die Artischocken in Viertel schneiden. Mit etwas Essig beträufeln und in Salzwasser einige Minuten garen.
Das Kaninchen waschen und trockentupfen, in Portionsstücke zerteilen. Die Stücke mit Salz einreiben und in einem Bräter in dem heißen Öl rundherum anbraten.
Die Zwiebel schälen und grob hacken. Die Tomaten mit kochendem Wasser überbrühen und häuten, dann in Stücke schneiden. Die Knoblauchzehe schälen und fein hacken. Die gehackte Zwiebel zu dem Fleisch geben. Nach einigen Minuten die Artischockenviertel, die Tomaten, den Knoblauch und ¼ Liter Brühe hinzufügen. Bei mittlerer Hitze 30 bis 45 Minuten schmoren. Die Erbsen in der Zwischenzeit auftauen lassen.
Dann die restliche Brühe dazugießen und den Reis hinzufügen. Etwa 30 Minuten bei geringer Hitze weitergaren. Während der letzten 10 Minuten die Erbsen und den Safran untermischen.
Vor dem Servieren mit gehackter Petersilie bestreuen.
Dazu passen Salzkartoffeln.

Wildkaninchen waren schon immer begehrte Braten. Insbesondere in den Städten fanden sie unzählige Liebhaber, denn das Fleisch war nicht nur schmackhaft, sondern auch noch preiswert und ließ sich auf vielerlei Art zubereiten. Pasteten wurden daraus gebacken, Brühen gekocht, Ragouts und deftige Eintöpfe zusammengestellt. Besonders edle Stücke wie Rücken oder Keulen wurden gebraten oder geschmort als Festtagsspeisen serviert.

Sommerganssülze

1 junge Gans (etwa 2 kg)
150 g Suppengrün
1 Bund Koriander
einige Blätter Beifuß
6 blanchierte Kalbsfüße
½ Liter Geflügelfond
½ Liter Weißwein
1 Tasse kleingehacktes Eis
2 Eiweiß
5 Pfefferkörner
Salz
6 Blatt Gelatine
100 ml Champagner

Tip:
Erbsen oder Spargelstücke schmecken statt des Suppengrüns in der Sülze auch sehr gut.

Die Gänsebrust auslösen, das Suppengrün waschen, putzen und grob zerkleinern, die Kräuter waschen und kleinhacken. Alles mit den Kalbsfüßen in dem Geflügelfond und dem Weißwein in 30 Minuten weich kochen.
Die Gänsebrust herausnehmen, abkühlen lassen und in kleine Würfel schneiden. Den Kochfond erkalten lassen.
Das Fleisch der Gänsekeulen in kleine Würfel schneiden und mit dem Eis, den Eiweißen, den Pfefferkörnern und etwas Salz vermischen. In den Gänsefond rühren und alles bei geringer Hitze aufkochen. Den Schaum abheben. Anschließend vorsichtig durch ein Sieb passieren und abschmecken. Die eingeweichte und ausgedrückte Gelatine in die heiße Flüssigkeit geben, den Champagner unter das noch flüssige Gelee rühren.
Die Fleischwürfel (Brustfleisch) in eine Schüssel füllen, das Suppengemüse in kleine Würfel schneiden und zu dem Fleisch geben. Das flüssige Gelee über das Gänsefleisch und das Gemüse gießen, die Sülze erkalten lassen. Zum Servieren in Scheiben schneiden.
Als Beilage frisches Vollkornbrot mit Butter reichen.

Ohne die zahlreichen Gänseherden würde in Westfalen etwas Typisches fehlen. Seit Jahrhunderten wurden in Westfalen Gänse, auch von „Köttern“, gehalten, denn etwas Grün, und sei es nur vom Straßenrand, gab es immer. Ein ausgewachsener Vogel brachte Geld in die Kasse oder war und ist ein Festtagsbraten der besonderen Art.

Geschmorte Wildenten auf Steckrübengemüse

2 küchenfertige Wildenten
Salz
Pfeffer
40 g Butterschmalz
4 Schalotten
2 Karotten
100 g Knollensellerie
¼ Liter kräftiger Rotwein
150 g Kartoffeln
1 große Zwiebel
400 g Steckrüben
¼ Liter Fleischbrühe
¼ Liter süße Sahne
1 Messerspitze abgeriebene Muskatnuß
¼ TL Rosmarinnadeln

Tip:
Die Kartoffeln, Steckrüben und Zwiebeln können auch die letzten 20 Minuten im Bräter mitgegart werden.

Die Enten abspülen und trockentupfen, innen und außen mit Salz und Pfeffer einreiben und in einem Bräter in dem heißen Butterschmalz rundherum anbraten, dann herausnehmen.
Die Schalotten, Karotten und Sellerie schälen oder waschen und putzen, alles kleinwürfeln und in dem Bratfett anschwitzen, mit dem Rotwein ablöschen. Die Enten auf das Gemüse setzen und im Backofen bei 220 °C etwa 1½ bis 2 Stunden schmoren. Ab und zu mit etwas Bratensaft übergießen.
Die Kartoffeln und die Zwiebel schälen, beides in Würfel schneiden, die Steckrüben schälen, waschen und in Stifte schneiden. Alles in einer Pfanne ohne Fett kurz anrösten, dann mit der Fleischbrühe auffüllen und 20 Minuten darin weich garen. Anschließend die süße Sahne, etwas Salz, Pfeffer, Muskat und die Rosmarinnadeln einrühren. Die fertig gegarten Enten halbieren und das Gerippe herauslösen. Das Gemüse mit der Sauce auf vorgewärmte Teller geben, die Entenhälften darauf anrichten und mit etwas Bratensaft umgießen.

Überall, wo es Wasser gibt, so auch auf den zahlreichen „Gräften" – den Wassergräben rund um die münsterländischen Burgen –, leben Wildenten. Schon früher wurden sie gerne gejagt und in den Städten als Braten verkauft. Häufig fanden sie aber auch ihren Weg gleich in die Töpfe der Jäger, die so den sonst überwiegend kargen Speiseplan mit etwas Fleisch aufbesserten. Es gibt unzählige Zubereitungsmöglichkeiten. Enten können gekocht, gebraten oder geschmort werden. Nur mit einer Scheibe Brot als Beilage oder aber umlegt mit feinen Gemüsen, immer sind sie etwas Besonderes. Die Kombination mit Steckrübengemüse deutet auf die Herkunft dieses Rezeptes aus ländlichen westfälischen Regionen hin.

Fisch und Meeresfrüchte

Karpfen mit Spargelbutter

250 g weißer Spargel
250 g grüner Spargel
100 g Kartoffeln
¼ Liter Fischfond
¼ Liter süße Sahne
120 g Butter
Salz
weißer Pfeffer
1 Messerspitze Zucker
4 Karpfenfilets mit Haut
2 EL gehackte Petersilie

Tip:
Da Karpfen nicht ganzjährig im Angebot ist, können für dieses Gericht auch andere Süßwasserfische verwendet werden.

Den Spargel schälen und waschen, beim grünen Spargel nur das untere Drittel der Stangen schälen. Die Spargelköpfe etwa 3 cm lang abschneiden. Die restlichen Teile in etwa ½ cm breite Stücke schneiden. Die Kartoffeln schälen, waschen und in dünne Scheiben schneiden.

Den Fischfond mit den Spargelstücken, den Kartoffelscheiben und der süßen Sahne zu einer dicken Sauce einkochen. Anschließend pürieren und 100 g kalte Butter in kleinen Stücken unterrühren. Die Sauce mit Salz, Pfeffer und wenig Zucker abschmecken.

Die Spargelköpfe getrennt in etwas Salzwasser mit der restlichen Butter in etwa 10 Minuten gar ziehen lassen.

Die Spargelsauce aufkochen und die gewaschenen Karpfenfilets darin etwa 10 Minuten ziehen lassen. Auf vorgewärmte Teller geben und mit der Sauce überziehen. Die Spargelspitzen daneben anrichten und mit der Petersilie bestreut servieren.

Schon vor Jahrhunderten legten die Mönche und viele Gutsherren auf ihren Besitztümern Teiche an und züchteten darin Karpfen. Das schmackhafte Karpfenfleisch war zur Fastenzeit bei den Mönchen sehr begehrt, die Gutsherren besserten damit ihren Speisezettel auf und verkauften den Überschuß. Die Beliebtheit dieses Fisches ist ungebrochen, auch wenn er in den meisten deutschen Gegenden nur zu Weihnachten oder Neujahr auf den Tisch kommt. Daß der edle Fisch auch im Frühjahr zur Spargelzeit lecker schmeckt, beweist dieses Rezept.

Gebackener Kirmesfisch
Fischreibekuchen

GEBACKENER KIRMESFISCH
4 Rotbarschfilets
à etwa 150 g
2 EL Zitronensaft
Salz
weißer Pfeffer
1 Ei
6 EL Semmelbrösel
40 g Butterschmalz

Tip:
Es können auch Schollen- oder Seelachsfilets verwendet werden. Damit die Panade nicht zu dunkel wird, darf das Fett nicht zu heiß sein.

FISCHREIBEKUCHEN
6 große Kartoffeln
2 Schalotten
3 Eigelb
250 g Fischfilet
(z.B. Lachs, Forelle, Zander)
Salz
weißer Pfeffer
40 g Butterschmalz

Tip:
Etwas fein gehackte Petersilie unter die Kartoffelmasse gemischt, macht die Reibekuchen noch würziger.

GEBACKENER KIRMESFISCH
Den Fisch mit dem Zitronensaft beträufeln und etwa 15 Minuten ziehen lassen, dann mit Salz und Pfeffer bestreuen.
Das Ei mit etwas Salz und Pfeffer verquirlen, die Semmelbrösel ebenfalls mit Salz und Pfeffer vermischen. Die Fischfilets zuerst in dem verquirlten Ei, dann in den Semmelbröseln wenden und die Panade festdrücken.
Das Butterschmalz in einer Pfanne erhitzen und die Fischfilets darin von beiden Seiten jeweils etwa 4 Minuten goldgelb braten.
Als Beilage paßt Kartoffelsalat.

Bei einer westfälischen Kirmes gehört eine Portion Kirmesfisch einfach dazu. Früher war der Kirmesfisch, ein Stück fein paniertes Rotbarschfilet, in Fett goldbraun ausgebacken und mit Kartoffelsalat serviert, die Krönung des Festes. Heute wird diese beliebte Spezialität auch aus dem preiswerteren Seelachs zubereitet, sehr zum Kummer der Älteren, die ihren „Goldbarsch" vermissen.

FISCHREIBEKUCHEN (oben)
Die rohen Kartoffen schälen und reiben. Die Kartoffelmasse etwas ausdrücken und die Flüssigkeit abgießen. Die Schalotten schälen, fein hacken und mit den Eigelben unter die Kartoffelmasse rühren. Das gewaschene Fischfilet in kleine Würfel schneiden und unter die Kartoffelmasse mischen. Mit etwas Salz und Pfeffer würzen. Das Butterschmalz portionsweise in einer Pfanne erhitzen und nacheinander acht kleine Reibekuchen braten.
Dazu schmeckt frischer Salat.

Die Kombination von Fisch mit den überall in Westfalen so geschätzten Reibekuchen deutet auf eine Fastenspeise als Ursprung dieses Gerichtes hin. Wann und wo es zum ersten Mal entstand, vermag heute keiner mehr zu sagen. Fest steht aber, daß es sich nach wie vor, und nicht nur zur Fastenzeit, großer Beliebtheit erfreut. Wie in früheren Zeiten wird in diesem Rezept heimischer Süßwasserfisch verwendet.

Möhnesee-Zander auf Schnippelbohnen

1 Stange Porree
1 Zwiebel
1 Petersilienwurzel
1 TL Pfefferkörner
750 g Schnittbohnen
Salz
500 g Zanderfilet
weißer Pfeffer
1 TL Zitronensaft
4 EL Dijonsenf
70 g Butter
1/8 Liter süße Sahne
70 g durchwachsener Speck
3 Schalotten
2 EL Sonnenblumenöl

Tip:
Besonders lecker schmeckt das Gericht, wenn Kartoffelpuffer, mit leicht gewürztem Schmand überzogen, als Beilage gereicht werden.

Den Porree, die Zwiebel und die Petersilienwurzel putzen bzw. schälen, waschen und grob zerkleinern. Mit den Pfefferkörnern in 3/4 Liter Wasser etwa 20 Minuten kochen. Den Sud durch ein feines Sieb gießen und auf etwa 1/4 Liter einkochen lassen.
Die Bohnen waschen, putzen und schräg in schmale Streifen schneiden, in Salzwasser etwa 20 Minuten kochen. Abgießen und mit kaltem Wasser abspülen.
Die Fischfilets in vier Stücke teilen. Mit Salz und Pfeffer bestreuen und mit Zitronensaft beträufeln.
Den Senf in den eingekochten Fond rühren. Nach und nach die Butter in kleinen Stücken in die leicht kochende Sauce einrühren. Dann den Topf vom Herd nehmen. Die süße Sahne steif schlagen und unter die Sauce heben, mit Salz und Pfeffer abschmecken und warm stellen.
Den Speck in kleine Würfel schneiden und in einer Pfanne anbraten. Die Schalotten schälen, fein würfeln und in dem Speckfett glasig dünsten. Die Bohnen dazugeben und bei geringer Hitze darin erwärmen.
Das Öl in einer Pfanne erhitzen und die Fischstücke auf jeder Seite 2 bis 3 Minuten braten. Die Bohnen und die Filets auf vier vorgewärmte Teller verteilen und mit der Senfsauce umgießen.
Dazu paßt Kartoffelgratin.

Fisch, gleich welcher Art, war in Westfalen schon immer beliebt. Bereits vor mehr als 300 Jahren wurden in den Bürgerhäusern der Städte, von denen, die es sich leisten konnten, raffinierte Gerichte mit heimischen Fischen zubereitet. Fisch gab es damals noch im Überfluß in nahezu jedem Bach oder See. Zander, einst und heute begehrt, ist nicht unbedingt preiswert. Der köstliche Geschmack entschädigt aber für den manchmal recht tiefen Griff in den Geldbeutel.

Gebackene Forellenfilets mit Kräuterrührei

400 g Forellenfilets
20 g weiche Butter
für die Teller
Salz
weißer Pfeffer
2 EL Zitronensaft
20 g Butter
4 Eier
⅛ Liter süße Sahne
2 EL Schnittlauchröllchen
40 g Lachskaviar
Schnittlauch zum
Garnieren

Die Forellenfilets in sehr dünne Scheiben schneiden. Vier feuerfeste Teller mit Butter bestreichen, etwas Salz und Pfeffer darauf streuen. Die Forellenfilets auf die Teller legen, leicht salzen und pfeffern und mit Zitronensaft beträufeln. Die Butter in kleinen Flöckchen darauf verteilen. Die Filets etwa 10 Minuten ziehen lassen.

Den Backofen auf 250 °C vorheizen. Die Eier mit der süßen Sahne verquirlen, die Schnittlauchröllchen unterrühren.

Die Filetstücke nochmals mit etwas Zitronensaft beträufeln, dann die Eimasse um die Filetstücke herum auf die Teller gießen. Die Teller mit den Filets in den Backofen stellen und etwa 10 Minuten garen. Aus dem Ofen nehmen (Vorsicht: die Teller sind sehr heiß!) und, mit dem Kaviar und etwas Schnittlauch garniert, heiß servieren.

Dazu paßt frisches Baguette oder Pumpernickel mit Butter.

Forellen lebten früher wild in nahezu jedem Fluß und See, sehr zur Freude derjenigen, die angeln durften. Erst durch die Eingriffe in die Natur gingen die Bestände so weit zurück, daß heute die meisten der angebotenen Forellen aus den kontrollierten Aufzuchten des In- und Auslandes stammen. Der wahre Feinschmecker verpönt tiefgefrorene Forellen und schwört auf den unnachahmlich feinen Geschmack der frisch gefangenen Tiere. Ein Grund für den Erfolg der Gaststätten, die Forellen aus einem eigenen See anbieten können.

Bachforellen mit Rauchsauce

4 Bachforellenfilets
Salz
weißer Pfeffer
2 EL Zitronensaft
4 EL Mehl
30 g Butter
2 geräucherte Forellenfilets
¼ Liter Fischfond
4 cl Sherry
¼ Liter süße Sahne
130 g kalte Butter
1 mittelgroße Steckrübe
Zucker
20 g Butterschmalz

Tip:
Da Bachforellen nicht immer Saison haben, können auch Regenbogenforellen, die ganzjährig frisch im Handel sind, genommen werden. Die Sauce ist auch lecker, wenn sie anstelle von Sherry mit Cognac abgeschmeckt wird.

Die Filets mit Salz und Pfeffer bestreuen, mit etwas Zitronensaft beträufeln und in dem Mehl wenden. Die Butter in einer Pfanne erhitzen und die Filets darin auf der Hautseite etwa 7 Minuten kroß, auf der anderen Seite leicht braten, dann warm stellen.
Die Räucherfilets in kleine Stücke zerteilen. Den Fischfond mit dem Sherry in einem Topf erhitzen und etwas einkochen lassen. Die süße Sahne einrühren und alles um ein Viertel einkochen lassen. Dann die kalte Butter flöckchenweise einrühren. Die Sauce mit Salz und Zitronensaft abschmecken. Die Räucherfiletstücke vorsichtig in der Sauce erwärmen, aber nicht kochen lassen.
Die Steckrübe putzen und schälen, die Hälfte in feine Streifen, den Rest in Scheiben schneiden. Die Scheiben und die Streifen in Salzwasser etwa 15 Minuten kochen, herausnehmen und abtropfen lassen.
Die Rübenstreifen mit wenig Salz, Zucker und Mehl überstäuben. In dem heißen Butterschmalz in einer Pfanne knusprig ausbacken. Anschließend mit Salz und Pfeffer bestreuen.
Die gebratenen Forellenfilets auf vorgewärmten Tellern mit den Rübenstreifen anrichten. Die Rübenscheiben dazugeben, alles mit der Sauce umgießen und servieren.

Das Herz aller Feinschmecker schlägt bei dem Wort „Bachforelle" höher, denn das Fleisch dieser wildlebenden Fische schmeckt besonders delikat. Die Bachforelle gedeiht nur in reinen, fließenden Gewässern. Erst durch intensive Bemühungen ist es gelungen, die nahezu ausgerottete Art auch in den Gewässern Westfalens wieder heimisch werden zu lassen.

über TM3 unter:
MÜNSTERLAND

Matjesfilets nach Hausfrauenart

2 säuerliche Äpfel
2 EL Zitronensaft
2 Zwiebeln
1 Gewürzgurke
300 g saure Sahne
2 EL Salatmayonnaise
weißer Pfeffer
8 Matjesfilets

Tip:
Wem die zarten Matjesfilets zu salzig sind, der kann durch Einlegen in Buttermilch oder Vollmilch das zur Reife notwendige Salz herausziehen. Das Einlegen in Wasser macht die Filets übrigens nur wäßrig.

Die Äpfel schälen und das Kerngehäuse entfernen, die Äpfel in dünne Spalten schneiden. Mit dem Zitronensaft beträufeln. Die Zwiebeln schälen und in dünne Scheiben schneiden. Die Gewürzgurke fein würfeln. Die Zwiebeln und die Gurkenstücke mit den Äpfeln, der sauren Sahne, der Mayonnaise und etwas Pfeffer vermengen.
Die Matjesfilets trockentupfen und die Marinade darübergeben. Etwa 2 Stunden ziehen lassen. Die marinierten Matjes schmecken, leicht gekühlt, zu Pellkartoffeln oder Petersilienkartoffeln sehr gut.

Für die Zubereitung von Matjes- oder Salzheringen hatte einst jede Hausfrau ihr persönliches Rezept, ganz auf die Wünsche der Familie ausgerichtet. Denn früher waren Heringe eine preiswerte Volksspeise und eine Alternative zu dem teuren Fleisch. Ganze Eimer voll Hering waren für wenige Groschen zu erhalten. Aus dieser Zeit rührt auch das Ansehen der Heringe als „Arme-Leute-Speise". Durch knapper werdende Fänge ist der Fisch heute im Preis deutlich gestiegen. Der frühere Reichskanzler Fürst Bismarck erkannte bereits: „Wenn der Hering so teuer wäre wie der Hummer, würde er bis in die höchsten Kreise hinauf als Delikatesse gelten." Wie wir heute wissen, hatte er recht.

Süsse Speisen, Desserts und Kuchen

Westfälisches Himmelreich

200 g Backobst ohne Steine
¼ Liter Pflaumenwein
1 Stange Zimt
4 EL Zucker
1 unbehandelte Zitrone
200 g Beerenobst (Himbeeren, Erdbeeren, Brombeeren)
1 EL Speisestärke
1 cl Zwetschenwasser
nach Belieben Vanilleeis und Eierlikör

Tip:
Diese Süßspeise kann, nach Saison, auch mit Pfirsichen, Mirabellen oder Kirschen zubereitet werden.

Das Backobst über Nacht in dem Pflaumenwein und ¼ Liter Wasser einweichen. Anschließend mit der Flüssigkeit, der Zimtstange, dem Zucker und der dünn abgeschälten Zitronenschale zum Kochen bringen und etwa 15 Minuten köcheln lassen. Dann die Zimtstange und die Zitronenschale herausnehmen. Die Beeren zu dem Backobst geben und etwa 5 Minuten mitkochen lassen.
Die Speisestärke mit etwas Wasser verrühren und unter Rühren zu dem Obst geben, alles nochmals kurz aufkochen lassen. Die Zitrone auspressen. Das Kompott mit Zucker, Zwetschenwasser und Zitronensaft abschmecken, in Schälchen füllen und abkühlen lassen. Mit Vanilleeis und etwas Eierlikör übergossen servieren.

Zucker war früher teuer und durfte deshalb in normalen Haushalten nur sehr sparsam verwendet werden. Die Freude aller Naschkatzen war daher groß, wenn einmal eine Süßspeise auf den Tisch kam, die nicht mit Rübensirup gesüßt war. Bei solchen Gelegenheiten fühlten sich alle „wie im Himmel“ ob des ungewohnten Genusses. Und so erhielt die Süßspeise ihren Namen.

Pumpernickelcreme

Zur sparsamen Haushaltsführung gehörte schon immer, daß Reste vollständig verwertet wurden. Das bedeutete auch, aus Brot Puddings oder Aufläufe zu kochen oder es als Suppeneinlage oder Krusten für Braten zu verwenden. Typisch westfälisch sind Süßspeisen mit Pumpernickel, am besten altbacken oder trocken. Mit Früchten oder süßer Sahne werden daraus preiswerte, aber äußerst leckere Desserts komponiert.

3 Scheiben Pumpernickel
2 cl Kornbranntwein
4 Eigelb
4 EL Zucker
200 ml Milch
4 Blatt Gelatine
200 ml süße Sahne
frische Früchte oder Melisseblättchen zum Garnieren

Tip:
Statt Kornbranntwein kann auch Himbeergeist oder Calvados untergemischt werden.

Den Pumpernickel fein zerbröseln und mit dem Kornbranntwein vermengen. Die Eigelbe mit dem Zucker verrühren, die Milch erhitzen (nicht kochen!) und dazugeben. Alles im heißen Wasserbad so lange rühren, bis die Masse dicklich wird. Die Gelatine nach Packungsaufschrift einweichen, ausdrücken und in die heiße Eiermilch rühren. Die Creme durch ein feines Sieb in eine Schüssel gießen und abkühlen lassen.
Die Sahne steif schlagen und mit dem Pumpernickel unter die fast erstarrte Creme ziehen. In Gläser füllen und kalt stellen.
Die Creme mit frischen Früchten oder mit einigen Melisseblättchen garniert servieren.

Bettelmann

75 g Sultaninen
4 cl brauner Rum
350 g geriebener Pumpernickel
75 g gehackte Haselnüsse
150 g Zucker
120 g Butter
1 TL abgeriebene Schale von 1 unbehandelten Zitrone
1 TL gemahlener Zimt
300 g säuerliche Äpfel
Zucker und Zimt zum Bestreuen
nach Belieben kalte Milch oder Vanillesauce

Tip:
Anstelle der Äpfel können auch Birnen oder entsteinte Zwetschen verwendet werden.

Die Rosinen heiß abspülen und trockentupfen. In den Rum einlegen und etwa 30 Minuten ziehen lassen.
Die Pumpernickelbrösel mit den Nüssen, 100 g Zucker, 75 g zerlassener Butter, der Zitronenschale und dem Zimt verrühren.
Die Rosinen mit dem Rum daruntermischen. Die Äpfel schälen und das Kerngehäuse entfernen.
Die Äpfel in dünne Spalten schneiden und mit dem restlichen Zucker vermengen.
Eine feuerfeste Form mit etwas Butter ausstreichen. Ein Drittel der Brotmischung in die Form füllen und glattstreichen. Die Hälfte der Äpfel darauf verteilen.
Mit einem weiteren Drittel der Brotmischung abdecken und die zweite Hälfte Äpfel daraufgeben.
Die restliche Brotmischung auf den Äpfeln verteilen, glattstreichen und die übrige Butter in Flöckchen daraufsetzen.
Den Bettelmann im Backofen bei 180 °C etwa 50 Minuten backen.
Mit Zucker und Zimt bestreuen und heiß mit kalter Milch oder Vanillesauce servieren.

Wie der Name bereits sagt, war „Bettelmann“ ursprünglich ein einfaches Resteessen, bei dem Pumpernickel mit dem kombiniert wurde, was gerade sonst noch vorhanden war. Das änderte sich erst, als die bürgerlich-städtischen Haushalte etwas wohlhabender wurden und man es sich leisten konnte, des öfteren einige Spezereien aus Kolonialwarenhandlungen zu kaufen. Diese wurden mit den überlieferten Rezepten kombiniert und ergaben so eine feine Küchentradition, die sich von den Gerichten der Landbevölkerung, die überwiegend eigene Produkte verwendete, abhob.

Apfelklösse mit Weinsauce

Für die Sauce:
¼ Liter trockener Rotwein
¼ Liter Apfelsaft
75 g Zucker
½ Stange Zimt
2 Gewürznelken
2 EL Speisestärke

Für die Klöße:
50 g Butter
3 EL Zucker
Salz
1 TL abgeriebene Schale von 1 unbehandelten Zitrone
2 Eier
½ TL Backpulver
375 g Mehl
⅛ Liter Vollmilch
500 g säuerliche Äpfel
Zucker zum Bestreuen

Für die Sauce: Den Rotwein mit dem Apfelsaft, dem Zucker und den Gewürzen erhitzen. Die in wenig kaltem Wasser angerührte Speisestärke hineingeben und aufkochen. Die Zimtstange und die Nelken herausnehmen. Die Sauce abkühlen lassen und kalt stellen.
Für die Klöße: Die Butter mit dem Zucker und etwas Salz schaumig rühren. Die Zitronenschale und die Eier dazugeben. Das mit dem Backpulver vermischte Mehl und die Milch dazugeben und alles zu einem zähen Teig verkneten. Bei Bedarf etwas mehr Mehl hinzufügen.
Die Äpfel schälen und das Kerngehäuse entfernen. Die Äpfel in kleine Würfel schneiden und unter den Teig mischen.
In einem großen Topf reichlich Salzwasser zum Kochen bringen. Von dem Teig mit zwei Eßlöffeln Klöße abstechen und in dem Salzwasser etwa 15 Minuten garen, mit einer Schaumkelle herausnehmen und abtropfen lassen.
Die Apfelklöße mit Zucker bestreuen und noch heiß mit der gut gekühlten Weinsauce servieren.

Von den Mönchen früherer Tage wird berichtet, daß sie auch in den kirchlichen Fastenzeiten nicht auf Wohlschmeckendes verzichten wollten. In der Klosterküche sollen diese Apfelklöße als süße Fastenspeise entwickelt worden sein. Sie schmecken nicht nur Mönchen, und nicht nur zur Fastenzeit.

Lippische Kaltschale

5 EL Korinthen
4 Scheiben Pumpernickel
500 g saure Sahne
½ Liter dunkles Bier
1 TL abgeriebene Schale von 1 unbehandelten Zitrone
½ TL gemahlener Zimt
4 EL Zucker
4 TL Rosinen

Die Korinthen grob hacken und mit wenig Wasser aufkochen, dann abkühlen lassen und das Wasser abgießen.
Das Brot fein zerbröseln. Die saure Sahne und das Bier mit einem Schneebesen kräftig verquirlen. Zitronenschale, Zimt und Zucker dazugeben, anschließend die Korinthen und das Pumpernickelbrot daruntermischen und alles gut verrühren. Kalt stellen. Die Masse in vier Schalen füllen und mit je 1 Teelöffel Rosinen bestreut kühl servieren. Dazu passen Pfefferkuchen.

Für den weniger als Apotheker, dafür als Malerpoet berühmt gewordenen Carl Spitzweg, der die bürgerliche Welt des Biedermeier auf seine Leinwand bannte, zählte diese Kaltschale zu den Leibgerichten. Sie fand, in leicht abgewandelter Form, Eingang in seine Leibgerichte-Sammlung als „Paderbörnsche Kaltschale“. Und sie sollte auch ein ideales Mittel gegen einen „verstauchten Magen“ sein. Rezepte für diese Kaltschale gibt es in vielen Variationen, mit mehr oder weniger Bier und saurer Sahne oder mit Milch anstelle der Sahne. All diese Rezepte aber zeigen, wie beliebt diese Süßspeise war und ist.

Leckeres mit Quark

BEEREN-QUARK-TERRINE
150 g Butter
120 g Puderzucker
6 Eigelb von ganz frischen Eiern
Salz
20 g Vanillezucker
1 EL abgeriebene Schale von 1 unbehandelten Zitrone
2 cl Cointreau
500 g Magerquark
¼ Liter süße Sahne
6 Blatt Gelatine
200 g Beerenobst (Himbeeren, Erdbeeren, Brombeeren)

Tip:
Man kann auch 3 bis 4 Tropfen Orangen-Backessenz verwenden und auf den Cointreau verzichten.

MÜNSTERLÄNDER QUARKSPEISE
Für 6 Personen

500 g Sahnequark
3 EL brauner Zucker
⅛ Liter Milch
1 Glas entsteinte Sauerkirschen (720 ml)
125 g Pumpernickel
3 cl Kirschwasser
100 g geriebene Halbbitter-Schokolade
nach Belieben Vanillesauce oder süße Sahne

BEEREN-QUARK-TERRINE
Die möglichst weiche Butter mit dem Puderzucker und den Eigelben schaumig schlagen.
1 Messerspitze Salz, den Vanillezucker, die Zitronenschale, den Cointreau und den durch ein feines Sieb gestrichenen Quark unter Rühren dazugeben. Die Sahne steif schlagen und vorsichtig unterheben.
Die Gelatine nach Packungsvorschrift einweichen, ausdrücken, vorsichtig bei geringer Hitze schmelzen und dann mit der Masse verrühren. Alles in eine Schale füllen und erkalten lassen. Auf eine Platte stürzen und in Scheiben schneiden. Mit Beeren nach Wahl servieren.

Es heißt, daß König Jérôme einst eine solche Beerenterrine in einem westfälischen Gasthof vorgesetzt wurde und dort seinen lebhaften Beifall fand. Sein Hofkoch soll den ausdrücklichen Auftrag erhalten haben, das Rezept zu übernehmen und die Speise bei Hof zu servieren. Ein größeres Kompliment konnte es damals für einen deutschen Koch nicht geben.

MÜNSTERLÄNDER QUARKSPEISE (oben)
Den Quark abtropfen lassen, durch ein feines Sieb streichen und mit 2 Eßlöffel braunem Zucker und der Milch glattrühren. Die Sauerkirschen abtropfen lassen.
Den Pumpernickel in einer Schüssel zerbröseln und den restlichen Zucker darüberstreuen, mit dem Kirschwasser tränken. Die geriebene Schokolade dazugeben und alles gut vermengen. Die Masse in eine Glasschüssel schichten, im Wechsel eine Lage Pumpernickel, dann Quark und eine Schicht Kirschen einfüllen. Die Quarkspeise etwa 2 Stunden im Kühlschrank kalt stellen.
Dazu schmeckt Vanillesauce oder wenig gesüßte Schlagsahne.

Diese feine und sehr beliebte Quarkspeise ist im ganzen Land in zahlreichen Variationen anzutreffen, auch wenn sie in dieser Form nicht unbedingt zur traditionellen westfälischen Küche gehört. In der Gegend von Soest zum Beispiel wird grundsätzlich anstelle der Sauerkirschen die etwas herbere Preiselbeere als Kompott dafür verarbeitet.

Glumsepudding

250 g Sahnequark
2 EL Sultaninen
1 cl brauner Rum
4 Scheiben Pumpernickel
5 Eier
125 g Zucker
40 ml süße Sahne
Salz
20 g Butter
2 EL Mehl
130 g Himbeerpüree
Puderzucker zum Bestreuen

Tip:
Fruchtiger wird der Pudding, wenn man statt der Rosinen fein gewürfeltes Birnenfruchtfleisch dazugibt.

Den Quark abtropfen lassen und durch ein feines Sieb streichen. Die Sultaninen abspülen und in dem Rum einweichen. Den Pumpernickel sehr fein zerbröseln. Die Eier trennen. Die Eigelbe mit dem Quark, dem Zucker, der süßen Sahne und etwas Salz mit dem Schneebesen so lange schlagen, bis die Masse cremig wird. Dann die Sultaninen dazugeben. Die Eiweiße steif schlagen und vorsichtig unter die Quarkmasse heben.
Den Backofen auf 180 °C vorheizen. Eine feuerfeste Auflaufform mit Butter ausstreichen und mit Mehl bestäuben. Pumpernickel, Himbeerpüree und Quark im Wechsel in die Form füllen und glattstreichen. Das Ganze 45 Minuten bei 180 °C backen, bis der Pudding aufgeht und in der Mitte fest wird. Auf eine Platte stürzen und mit etwas Puderzucker bestreut servieren.

In verschiedenen Regionen Westfalens wird der Quark „Glumse" genannt. Da er schon früher reichlich angeboten wurde, gesund und preiswert ist, fanden Gerichte mit Quark, insbesondere Süßspeisen und Kuchen, rasch weite Verbreitung.

Apfelstütchen

Für den Teig:
150 g Sahnequark
6 EL Milch
6 EL Pflanzenöl
75 g Zucker
1 Päckchen Vanillezucker
Salz
300 g Mehl
1 Päckchen Backpulver

Für die Füllung:
8 säuerliche Äpfel
200 g Rosinen
3 EL Puderzucker

1 Eigelb zum Bestreichen
Puderzucker zum Bestreuen

Tip:
Zum Füllen der Äpfel kann anstelle der Rosinen auch Konfitüre nach Wahl verwendet werden. Mit 2 cl Kirschwasser oder Himbeergeist schmeckt die Füllung noch aromatischer.

Für den Teig: Den Quark gut abtropfen lassen und durch ein Sieb streichen. Mit der Milch, dem Öl, Zucker, Vanillezucker und etwas Salz gut verrühren. Die Hälfte des Mehles mit dem Backpulver mischen und unter die Quarkmasse rühren. Das restliche Mehl dazugeben und alles zu einem glatten Teig verkneten. Den Teig auf einer mit Mehl bestreuten Arbeitsfläche etwa 4 mm dick ausrollen und dann, je nach Größe der Äpfel, acht 15 bis 20 cm große Quadrate ausschneiden.
Für die Füllung: Die Äpfel schälen und jeweils das Kerngehäuse ausstechen. Die Rosinen mit dem Puderzucker vermischen und die ausgehöhlten Äpfel damit füllen. Auf jedes Teigquadrat einen Apfel setzen. Die Ecken des Teiges über Kreuz über dem Apfel zusammenfalten und gut festdrücken. 2 Eßlöffel Wasser mit dem Eigelb verquirlen und die verhüllten Äpfel damit bestreichen.
Die Apfelstütchen im Backofen bei 190 bis 200 °C in 25 bis 30 Minuten goldgelb backen. Mit Puderzucker bestreut, warm oder kalt servieren.

Im Herbst, wenn die Äpfel rot auf den Bäumen leuchten, beginnt die Zeit der Apfelstütchen. Diese in Teig gehüllten und dann gebackenen Äpfel kennen wir auch unter dem Namen „Apfel im Schlafrock“. Ob als Dessert, zur nachmittäglichen Kaffeerunde oder als fruchtiger Imbiß zwischendurch, Apfelstütchen schmecken immer. Zumal sie durch verschiedene Füllungen in immer neuen Variationen auf den Tisch gebracht werden können.

STUTENKERLE

Für 8–10 Stück

¼ Liter Vollmilch
500 g Mehl
30 g frische Hefe
80 g Zucker
100 g Butter
1 Ei
1 Päckchen Vanillezucker
1 EL abgeriebene Schale von 1 unbehandelten Zitrone
Salz
2 EL Mehl zum Ausrollen
20 g Butter für das Backblech
1 Eigelb zum Bestreichen
50 g Rosinen oder Korinthen zum Verzieren

Tip:
Ganz leicht lassen sich die Figuren aus dem Teig ausschneiden, wenn zuvor eine Schablone als Vorlage aus fester Pappe angefertigt wurde. Die Tonpfeifen erhält man im Haushaltswarenhandel.

Die Milch leicht erwärmen. Das Mehl in eine Schüssel sieben, in die Mitte eine Vertiefung drücken. Die zerbröckelte Hefe mit etwas lauwarmer Milch und 1 Eßlöffel Zucker hineingeben und mit etwas Mehl zu einem flüssigen Vorteig verrühren. Zugedeckt an einem warmen Ort etwa 20 Minuten gehen lassen. Den Vorteig mit dem restlichen Mehl verrühren, nach und nach den übrigen Zucker, die Butter, 1 Ei, den Vanillezucker, die Zitronenschale und etwas Salz dazugeben. Alles kräftig zu einem glatten Teig durchkneten. Zu einer Kugel formen und zugedeckt nochmals etwa 30 Minuten gehen lassen, bis sich das Volumen deutlich vergrößert hat. Die Arbeitsfläche mit Mehl bestäuben und den Teig darauf etwa bleistiftdick ausrollen. Aus dem Teig mit einem scharfen Messer etwa 25 cm große Männchenfiguren ausschneiden, dabei die Teigreste verkneten, erneut ausrollen und wieder Figuren ausschneiden. Diese vorsichtig auf das mit Butter ausgestrichene Backblech setzen. Das Eigelb verquirlen und die Figuren damit bestreichen. Rosinen oder Korinthen als Augen, Nase, Mund und Knöpfe in den Teig drücken. In Mund und Oberkörper eine Tonpfeife drücken und mit einem Arm überlappend befestigen.
Den Backofen auf 180 bis 200 °C vorheizen und die Stutenkerle etwa 20 Minuten darin backen.

Vom Sauerland aus traten die Stutenkerle – gebackene Mannsfiguren mit einer Tonpfeife im Arm – ihren Siegeszug durch nahezu alle Länder im nördlichen Deutschland an. Früher erhielten die Kinder dieses Gebäck am Morgen des Nikolaustages. Es wurde dann als Pausenbrot mit in die Schule genommen. Die weißen Tonpfeifen, für einige Pfennige erhältlich, wurden zum Blasen von Seifenblasen verwendet. Manch ein Lausbub soll aber auch erste Versuche mit „Tabak“ aus getrockneten Blättern in diesen Pfeifen unternommen haben…

Zucker-Butter-Kuchen

Für den Teig:
¼ Liter Vollmilch
500 g Mehl
30 g frische Hefe
75 g Zucker
1 Ei
100 g Butter
1 TL Salz
1 TL abgeriebene Schale von 1 unbehandelten Zitrone
1 Messerspitze abgeriebene Muskatnuß
2 EL Mehl zum Ausrollen
20 g Butter für das Blech

Für den Belag:
80 g Butter
125 g Zucker
1 Päckchen Vanillezucker
½ TL gemahlener Zimt
100 g Mandelblättchen
125 g saure Sahne

Tip:
Am besten schmeckt der Kuchen, wenn er noch warm ist. Bereits erkalteten Kuchen daher vor dem Servieren im Backofen oder in der Mikrowelle kurz erwärmen.

Für den Teig: Die Milch leicht erwärmen. Das Mehl in eine Schüssel sieben und in die Mitte eine Vertiefung drücken. Die zerbröckelte Hefe mit etwas lauwarmer Milch und 1 Eßlöffel Zucker verrühren und in die Mulde gießen. Mit etwas Mehl vom Rand zu einem flüssigen Vorteig verrühren. Etwa 20 Minuten zugedeckt gehen lassen.
Anschließend die restlichen Teigzutaten dazugeben und alles kräftig zu einem glatten Teig durchkneten. Zu einer Kugel formen und zugedeckt nochmals etwa 30 Minuten gehen lassen, bis sich das Volumen deutlich vergrößert hat.
Die Arbeitsfläche mit Mehl bestäuben und den Teig darauf etwa fingerdick ausrollen. Ein Backblech mit Butter ausstreichen, den Teig darauflegen, dabei die Ecken ausfüllen. Den Teig auf dem Backblech nochmals etwa 15 Minuten gehen lassen, dann mehrmals mit einer Gabel einstechen.
Für den Belag: Die Butter in einem Topf schmelzen und die Teigplatte damit bestreichen. Zucker, Vanillezucker, Zimt und Mandelblättchen gut vermischen und den Teig damit bestreuen. Die saure Sahne darauf verteilen und glattstreichen. Den Kuchen im vorgeheizten Backofen etwa 30 Minuten bei 200 bis 220 °C backen.

Zu gewaltigen Haufen aufgetürmt, wundervoll appetitlich duftend, bildet der Zucker-Butter-Kuchen noch immer den Mittelpunkt jeder Kaffeetafel. Doch auch bei ländlichen Hochzeiten oder Festen darf er nicht fehlen. Und jede Hausfrau empfindet ein Lob für den lockeren Teig mit dem süß-buttrigen Belag als besondere Ehre. Unmengen wurden früher und noch heute davon verspeist, ob nun mit Butter und Zucker, mit sonstigen Gewürzen und Mandeln oder sogar noch zusätzlich mit feingehacktem Backobst belegt.

Gedeckte Apfeltorte

Für den Teig:
350 g Weizenmehl
1 Messerspitze Backpulver
1 Ei
1 Eigelb
200 g Butter
100 g Zucker
1 EL abgeriebene Schale von 1 unbehandelten Zitrone
evtl. Butter zum Ausstreichen der Form

Für den Belag:
5 EL Rosinen
1 kg mürbe Äpfel
80 g Zucker

2 EL Mehl zum Ausrollen

Für den Guß:
150 g Puderzucker
1 EL Rum oder Wasser
3 EL Mandelblättchen

Tip:
Besonders gut schmeckt die Torte lauwarm mit Schlagsahne.

Für den Teig: Das Mehl mit dem Backpulver vermischen und in eine Schüssel sieben. In die Mitte eine Vertiefung drücken, das Ei und das Eigelb hineingeben. Die Butter in Flöckchen rund um die Mulde verteilen und den Zucker und die abgeriebene Zitronenschale darüberstreuen. Die Masse rasch zu einem glatten Teig verkneten. Den fertigen Mürbeteig etwa 30 Minuten im Kühlschrank ruhen lassen. Den Boden einer Springform (Durchmesser 26 cm) mit Backpapier auslegen oder mit Butter ausstreichen. Den Backofen auf 200 °C vorheizen.
Für den Belag: Die Rosinen abspülen und trockentupfen. Die Äpfel schälen, in Viertel schneiden und das Kerngehäuse entfernen. Die Äpfel in dünne Spalten schneiden und mit den Rosinen und dem Zucker vermischen.
Die Arbeitsfläche mit Mehl bestäuben. Etwa zwei Drittel des Teiges ausrollen, den Boden und den Rand der Springform damit auslegen, den Teigboden mehrmals mit einer Gabel einstechen. Die Apfel-Rosinen-Mischung gleichmäßig darauf verteilen. Den restlichen Teig in der Größe der Backform ausrollen und als Deckel vorsichtig über die Äpfel legen. An den Rändern mit dem unteren Teigrand fest zusammendrücken. Die Apfeltorte auf der mittleren Schiene des Backofens 45 bis 50 Minuten bei 200 °C backen.
Für den Guß: Den gesiebten Puderzucker mit Rum und etwa 50 ml Wasser glattrühren. Die noch heiße Torte nach dem Backen mit dem Guß bestreichen und sofort die Mandeln darüberstreuen.

Eine festliche Kaffeetafel, ob auf dem Lande oder in der Stadt, war schon früher ohne wahre Berge von Kuchen kaum denkbar. Aufgetischt wurden Blechkuchen, gedeckte Obstkuchen und natürlich Torten. Henriette Davidis legte auch in ihrem Kochbuch besonderen Wert auf Kuchen und Torten, die als Stolz der Hausfrau galten. Und wenn die „Gasterey“, wie es früher hieß, dann begann, verschwanden die köstlichen Berge auf wundersame Weise in kürzester Zeit, mit und ohne Sahne.

Zwetschenkuchen mit Guss

Für den Teig:
250 g Weizenmehl
60 g Zucker
Salz
½ TL abgeriebene Schale von 1 unbehandelten Zitrone
1 Ei
120 g Butter

Für Guß und Belag:
2 Vanilleschoten
4 Eier
120 ml Vollmilch
60 ml süße Sahne
5 EL Zucker
2 cl Zwetschenwasser
10 g Butter für die Form
2 EL Mehl zum Ausrollen
800 g halbierte und entsteinte Zwetschen

Tip:
Noch lauwarm mit Schlagsahne, die mit etwas Vanille abgeschmeckt wurde, ist der Kuchen besonders köstlich.

Für den Teig: Das Mehl in eine Schüssel sieben und in die Mitte eine Vertiefung drücken. Zucker, etwas Salz, die abgeriebene Zitronenschale und das verquirlte Ei in die Mulde geben und alles gut vermischen. Die Butter in Flöckchen hinzugeben und alles rasch zu einem festen Teig verkneten. 1 Stunde im Kühlschrank ruhen lassen.
Für Guß und Belag: Die Vanilleschoten längs halbieren und das Mark herauskratzen. Die Eier, die Milch, die süße Sahne und das Vanillemark mit 3 Eßlöffel Zucker und 1 Eßlöffel Zwetschenwasser zu einem dicklichen Guß verrühren.
Den Backofen auf 220 °C vorheizen. Eine Springform (Durchmesser 26 cm) mit Butter ausstreichen. Die Arbeitsfläche mit Mehl bestäuben. Den Teig ausrollen und die Springform damit auslegen. Seitlich einen Rand von etwa 3 cm hochdrücken. Den Teigboden mehrmals mit einer Gabel einstechen, dann den Guß darauf verteilen.
Etwa 15 Minuten auf der mittleren Schiene des Backofens bei 220 °C backen. Sobald der Guß fest wird, den Kuchen aus dem Ofen nehmen und die Zwetschen darauf verteilen: Zuerst einen Kranz von halben Zwetschen mit der Schnittfläche nach oben am äußeren Kuchenrand anordnen. Dann je eine halbe Zwetsche mit der Schnittfläche nach unten quer über zwei Zwetschenhälften legen. Fortfahren, bis der Teigboden dicht belegt ist. Den Kuchen weitere 30 Minuten backen. Falls der Teigrand dunkel wird, mit Alufolie abdecken.
Das restliche Zwetschenwasser mit dem übrigen Zucker verrühren und aufkochen, bis sich der Zucker gelöst hat.
Nach dem Backen den Kuchen vorsichtig aus der Form lösen und auf ein Gitter geben. Den Zuckerguß auf dem noch warmen Kuchen dünn verteilen.

Aus den Früchten des eigenen Gartens verstanden es Hausfrauen zu allen Zeiten, leckere Obstkuchen zu backen. Besonders gelungene Rezepte, wie für diesen Zwetschenkuchen mit Guß, hier in etwas modernisierter Form, wurden über Generationen weitergegeben.

Die Rezepte nach Gruppen

Soweit in den Rezepten nichts anderes vermerkt ist, sind die Zutaten für vier Personen berechnet.

Die Rezepte alphabetisch

Soweit in den Rezepten nichts anderes vermerkt ist, sind die Zutaten für vier Personen berechnet.

Bildquellen Impressum

Bilderberg: Frieder Blickle 32, 52; Klaus Bossemeyer 6, 15, 16/17, 22, 23 (2), 46 (2), 47, 86, 94, 102; Thomas Ernsting 20, 27 (2), 74; Milan Horacek 34/35; Wolfgang Kunz 138; Dieter Leistner 148; Dorothea Schmid 30, 31
FOCUS: Bernd-Christian Möller 43; Tom Krausz 19 o., 21, 41
HB Verlag, Hamburg: 2, 7, 9, 10 u., 11, 12, 13, 14, 18, 19 u., 26, 28, 29, 37, 39, 44, 49
Angelika Osthues: 10 o.
Sigloch Bildarchiv: Hans Joachim Döbbelin 50/51, 76/77, 130/131, 144/145 sowie alle Rezeptfotos auf den ungeraden Seiten 53 bis 169
Studio für Landkartentechnik: 4
VISUM: Wolfgang Steche 40
Westfälisches Freilichtmuseum Detmold, Landesmuseum für Volkskunde: 25, 64

Redaktionelle Bearbeitung: Dr. Ute Drechsler-Dietz

Reproduktion: Lihs, Satz und Repro, Ludwigsburg
Satz: Sigloch Edition, Künzelsau
Druck: Graphische Betriebe Eberl GmbH, Immenstadt
Papier: 135 g/m^2 nopaCoat glänzend chlorfrei der Nordland Papier AG, Dörpen
Bindearbeiten: Sigloch Buchbinderei, Künzelsau
ISBN 3-89393-144-9